Souvenirs sucrés

Desserts et douceurs de l'enfance

Recettes présentées par Eric Roux

Illustrations de Laurence Bériot

ÉDITIONS MILLE ET UNE NUITS

Conception éditoriale : Sylvie Delassus - Editions Mille et une nuits
Coordination : Marie-Annick Guesnon, Anne Sarazin - CANAL+

Les recettes et souvenirs, envoyés par les abonnés de CANAL+, ont été réunis et commentés par Eric Roux.
Ses conseils sont signalés par le picto 

Avec la collaboration rédactionnelle de Chloé Radiguet

ISBN 2-84205-123-8
Achevé d'imprimé en février 97
par G. Canale & C. Spa (Turin, Italie)

Avant-propos

« Tous les samedis après-midi, dans sa cuisine, maman jolie, maman câline avait ses mains pleines de farine. Plongées dans une immense bassine en inox, ses petites mains de travailleuse ajoutaient soit du bon beurre, soit de l'eau, un peu de parfum, et beaucoup d'amour. »

Nous avons tous, enfouis dans nos mémoires, nos souvenirs d'enfance, de ces tendresses sucrées offertes par une grand-mère, une mère, une tante, une nourrice ou un père. Elles nous accompagnent notre vie durant.

Ces petits secrets sucrés, révélés lors de vacances ou à l'occasion d'une fête, restent marqués par la générosité de ceux qui nous les ont confiés. Alors, nous les gardons précieusement, émotion et tour de main intimement mêlés.

Les abonnés de CANAL+ ont témoigné de la même générosité, en acceptant de divulguer leurs chers souvenirs sucrés. Recettes de petits biscuits tout simples ou de gâteaux très élaborés nous sont parvenues : écrites à la main sur une feuille de cahier d'écolier ou imprimées par un ordinateur, elles prouvent un désir de partage.

Cette cuisine particulière a une grande importance, car elle construit pour longtemps le goût, stimule l'imaginaire et enseigne à apprêter et marier produits et ingrédients. De même que les plus grands chefs, les mères et pères cuisinent chaque jour. En régalant la famille, ils donnent naissance à de goûteux souvenirs dont le parfum persiste longtemps, porteur d'une indéfectible tendresse.

Grâce aux abonnés de CANAL+, qui ont accepté de livrer leurs secrets sucrés, en les accompagnant d'anecdotes chargées d'une douce nostalgie, nous pouvons fabriquer aujourd'hui les souvenirs charmants de demain.

Ainsi se transmet un précieux patrimoine...

Eric Roux

Sommaire

Les œufs au lait

“ C'est la force des souvenirs olfactifs qui m'a permis un jour, après quelques tâtonnements, de retrouver la recette dont je voulais régaler mes enfants. On ne la trouve pas dans beaucoup de livres de cuisine, elle est délaissée au profit de desserts plus sophistiqués qui font, signe des temps, plus appel à l'abondance des produits. Ma grand-mère revit ainsi certains soirs, dans la volupté de la vanille...”

Ingrédients
1/2 l de lait
4 œufs
75 g de sucre en poudre
1 gousse de vanille

■ *Faire infuser la gousse de vanille fendue en deux dans le lait bouillant sucré. Mélanger doucement le lait sucré et parfumé à la vanille avec les œufs. Verser le mélange dans un plat à soufflé et cuire au bain-marie dans un four à 200 ° pendant 45 minutes. Déguster froid.*

Pour réussir des œufs au lait bien lisses, il ne faut pas battre les œufs ni les faire mousser mais les mélanger doucement avec une cuiller en bois au lait sucré. Chemiser le moule à soufflé avec du caramel permet de démouler les œufs après cuisson. Pour le caramel, faire colorer sur feu doux du sucre cristallisé et une cuillerée à soupe d'eau dans une casserole en inox. Une fois blond, verser le caramel bien chaud dans le fond et sur les rebords du moule. On peut aussi utiliser des ramequins.

Iles flottantes

“ En 1945, j'avais douze ans. La guerre était finie, les fêtes patronales reprenaient. Mes parents s'affairaient pour que le repas réunissant oncles, tantes et grands-parents pour la fête du village soit simple mais délicieux. Je me souviens surtout du dessert : de traditionnels œufs à la neige, dégustés juste avant d'aller faire un tour de chevaux de bois. ”

Ingrédients
1 l de lait entier
8 œufs
150 g de sucre en poudre
2 cuillerées à soupe d'eau
1 gousse de vanille
12 morceaux de sucre
2 sachet de sucre vanillé

- *Casser les œufs et séparer les blancs des jaunes. Mélanger aux blancs un sachet de sucre vanillé et la moitié du sucre. Monter les blancs en neige très ferme.*
- *Faire bouillir légèrement le lait, avec la gousse de vanille fendue dans le sens de la longueur. Dans le lait bouillant, faire pocher quelques secondes de grosses cuillerées à soupe de blancs en neige. Les retourner pour les cuire sur les deux faces. A l'aide d'une écumoire, les retirer et les poser délicatement sur un plat.*
- *Après avoir retiré du lait la gousse de vanille et l'avoir grattée de la pointe d'un couteau, mélanger au fouet les jaunes, le reste du sucre et un sachet de sucre vanillé jusqu'à ce que l'ensemble blanchisse. Verser le lait bouillant sur les jaunes, tout en tournant avec une cuiller en bois. Remettre sur feu doux pour faire épaissir tout en tournant toujours avec la cuiller. Ne jamais faire bouillir.*
- *Verser la crème refroidie dans un saladier, et déposer à la surface les blancs pochés.*
- *Préparer un caramel blond avec le sucre en morceaux et deux cuillerées à soupe d'eau. Verser le caramel sur les blancs en neige.*

Le riz au lait

« Le riz au lait dit "du charme" est une recette de grand-mère du temps de l'eau ferrugineuse à la pompe, de l'ampoule de 40 W qui pendait au bout de son fil et des cabinets au fond du jardin. Le temps béni de l'enfance, dans un coin perdu du Loiret. »

Mais une marraine peut aussi ramener d'un séjour en Angleterre une recette de riz au lait et en enrichir le goût de quelques cuillerées à soupe de rhum vieux.

Pour la cuisson, deux solutions : si votre souvenir est plutôt "du charme", ne touchez pas au plat qui cuit pendant quatre heures ; si vous préférez la version "marraine", remuez avec une cuiller en bois toutes les dix minutes pendant une heure et demie.

Ingrédients
1 l de lait entier (cru de préférence)
100 g de riz rond
100 g de sucre en poudre
30 g de beurre fondu
1/2 cuillerée à café de cannelle en poudre
1 pincée de sel

- *Dans un plat à gratin en terre, mélanger tous les ingrédients. Mettre à four moyen (160 °) pendant 4 heures. Quand le plat est doré, le couvrir avec une feuille de papier d'aluminium. Servir tiède ou froid.*

Pour réussir un riz au lait moelleux, utilisez des riz ronds italiens de variété Arborio ou Carnarolli. Riches en amidon, ils absorbent très bien les liquides, et leurs grains se lient pendant la cuisson.

Mousse au chocolat

“ Le meilleur moment c'était quand maman nous autorisait à lécher cuiller, casserole et saladier... ”

Ingrédients
200 g de chocolat riche en cacao
60 g de beurre
5 œufs
1 cuillerée à soupe de sucre en poudre
1/2 cuillerée à soupe d'extrait de vanille
50 g d'écorces d'oranges confites

- Faire fondre le chocolat et le beurre au bain-marie tout doucement, sans cesser de tourner avec une cuiller en bois. Le chocolat ne doit pas se dessécher.
- Casser les œufs et séparer les blancs des jaunes. Dans un saladier, fouetter les jaunes, le sucre et la vanille pour les faire blanchir. Le sucre doit avoir fondu dans les jaunes.
- Battre les blancs en neige très ferme.
- En tournant énergiquement avec une cuiller en bois, incorporer le chocolat/beurre fondu aux jaunes blanchis.
- En soulevant délicatement à la cuiller, incorporer les blancs en neige au mélange chocolaté.
- Verser la mousse dans la jatte ou le saladier de service et mettre à refroidir au réfrigérateur.
- Servir la mousse froide.

Pour apporter une note d'originalité à la mousse au chocolat, incorporer aux jaunes blanchis 50 g d'écorces d'oranges confites découpées en tout petits morceaux.

Crème au chocolat de Suzanne

« Proust avait sa madeleine. Moi, j'ai ma crème au chocolat. Une vraie. Mon grand-père, veuf, se faisait aider par une cuisinière un peu bourrue, bien ronde et très fin cordon-bleu. A la fin de ses jours, seule dans la maison, Marie fit don de sa recette à notre chère Suzanne, ma nounou. Suzanne était fière de nous servir sa crème : elle était bonne... mais il lui manquait un petit quelque chose. Oh, un rien. Après de longues palabres entre passionnées du fourneau, et juste avant de nous quitter définitivement, la vieille Marie confia son secret, le petit rien qui manquait à la crème de Suzanne : une noisette de beurre, ajoutée juste à la fin. »

Ingrédients
1 l de lait
250 g de chocolat noir
2 cuillerées à soupe de farine
3 cuillerées à soupe de sucre en poudre
1 belle noisette de beurre

- Faire fondre le chocolat dans un peu de lait. Retirer du feu, et ajouter sucre et farine. Remettre sur feu doux, et ajouter peu à peu le reste du lait, en tournant sans cesse avec une cuiller en bois. La crème épaissit. Après quelques bouillons, éteindre le feu. Ajouter alors la noisette de beurre.
- Laisser refroidir dans une jatte et placer au réfrigérateur avant de déguster.

Truffes au chocolat

« Impossible de décrire la merveilleuse sensation que procure le doux et chaud parfum du cacao quand la truffe fond délicatement dans la bouche... »

Ingrédients
200 g de chocolat noir
100 g de beurre
1 jaune d'œuf
4 cuillerées à soupe de sucre glace
extrait de vanille (quelques gouttes)
1 cuillerée à soupe de cacao en poudre

- *Casser le chocolat en morceaux et le mettre à fondre dans une casserole, sur feu très doux, avec deux cuillerées à soupe d'eau. Ajouter au chocolat fondu, hors du feu, le beurre en copeaux puis le jaune d'œuf, le sucre et la vanille.*
- *Bien mélanger et placer la pâte au réfrigérateur pour 4 ou 5 heures.*
- *Quand la pâte est bien ferme, à l'aide d'une petite cuiller, en prélever de petites quantités pour façonner, dans la paume de la main, des boules. Les rouler dans le cacao en poudre et les présenter... pour dégustation.*

Délicieuse Marie-José

« Il était une fois deux petites filles : ma camarade Marie-José et moi-même. Nos grands-parents avaient coutume de nous préparer un goûter amélioré à chaque anniversaire. Un jour, alors que nous fêtions mes cinq ans, ma délicieuse grand-mère nous fit la surprise de nous préparer une délicieuse crème.
Enthousiasmée, je dis à mon amie : "Oh, elle est délicieuse, Marie-José."
Mon papy approuva : "Oui ma chérie, je suis d'accord avec toi, cette petite Marie-José est vraiment délicieuse." »

Ingrédients
6 carrés de chocolat noir
250 g de sucre en poudre
2 sachets de sucre vanillé
1/2 l de lait
1 noix de beurre
3 œufs
12 marrons

- Faire fondre le chocolat au bain-marie, lui ajouter le sucre et le sucre vanillé. Incorporer le lait et le beurre et donner au tout, en tournant avec une cuiller en bois, un léger bouillon.
- Hors du feu, ajouter les jaunes d'œufs en travaillant toujours l'ensemble à la cuiller.
- Peler et hacher finement les marrons préalablement cuits dans une grande quantité d'eau légèrement salée. Ajouter le hachis de marrons à la crème.
- Monter les blancs en neige bien ferme et les incorporer délicatement à la crème.
- Laisser reposer la crème au réfrigérateur avant de servir.

Omelette flambée

« Mon grand-père paternel possédait des vignes dans la région de Montauban. Il nous fournissait en vin, en raisin chasselas et en eau-de-vie. L'omelette flambée, un dessert vite fait, ma mère nous en régalait souvent. Elle faisait d'abord une omelette toute simple et, avec la pincée de sel, ajoutait du sucre en quantité. Ensuite, elle flambait l'omelette : les flammèches bleues dansaient devant nos yeux émerveillés, toutes lumières éteintes. C'était la fête... »

Ingrédients
5 gros œufs
1 cuillerée à soupe de crème fraîche
150 g de sucre en poudre
2 verres à liqueur d'eau-de-vie de fruits
1 grosse noix de beurre
1 pincée de sel

- *Battre dans une jatte les œufs, les deux tiers du sucre, le sel et la crème, à l'aide d'une fourchette, en soulevant bien le mélange : il faut aérer la préparation. Préparer l'omelette au dernier moment pour qu'elle soit bien mousseuse.*
- *Dans une grande poêle à revêtement anti-adhésif, faire fondre le beurre à feu vif jusqu'à ce qu'il prenne une teinte noisette. Verser les œufs battus dans la poêle, ils doivent être saisis. Avec le plat de la fourchette, ramener les bords cuits de l'omelette vers le centre jusqu'à ce qu'elle ne soit plus liquide. Quand elle est encore un peu baveuse, la saupoudrer avec le reste du sucre.*
- *Plier l'omelette et verser l'eau-de-vie dans la partie de poêle ainsi libérée. Enflammer immédiatement l'alcool et servir à table... avec les flammes.*
- *L'omelette flambée se déguste bien évidemment très chaude.*

Caramels

« À la maison, on savait utiliser les plaques de marbre des cheminées pour fabriquer des bonbons de caramel pour les enfants. »

Caramels à la crème

Ingrédients
1 verre de crème fraîche
1 verre de sucre en poudre
beurre

- Faire chauffer dans une casserole en inox la crème et le sucre sans cesser de tourner avec une cuiller en bois jusqu'à ce que le mélange brunisse. Sur une plaque de marbre bien nettoyée et légèrement beurrée, verser en un long ruban le caramel. Avant qu'il ne soit refroidi, le couper en carrés à la taille de bonbons. Servir froid.
- Pour conserver les caramels, les placer dans une boîte en fer après les avoir roulés dans du sucre en poudre pour qu'ils ne collent pas entre eux.

Caramels au miel

Ingrédients
150 g de sucre cristallisé
10 cl d'eau
2 cuillerées à soupe de miel liquide (acacia, par exemple)

- Mélanger le sucre et l'eau et faire fondre sur feu doux. Quand le sucre est fondu, ajouter le miel et laisser cuire à petits bouillons sans cesser de remuer avec une cuiller en bois. Une fois le mélange caramélisé, le verser en un long ruban sur un marbre beurré. Avant complet refroidissement, le couper avec une paire de ciseaux en alternant perpendiculairement la découpe afin de former des berlingots.

Le marbre de la cheminée d'hier peut être remplacé par un plastique alimentaire généreusement beurré. Pour parfumer le caramel, ajouter en début de cuisson une cuillerée à soupe de poudre de cacao.

Pralines

“ Chaque matin, petite fille, pendant la période de Noël, alors que je dormais du sommeil tranquille et profond de l'enfance, maman venait ranimer le feu dans la cheminée de ma chambre avec de belles bûches qui, en flambant, réjouissaient mes yeux émerveillés au moment où je les entrouvrais. Le plus touchant, c'était cette attention prodiguée par maman qui déposait deux ou trois papillotes sur le bord de la cheminée. Les papillotes étaient garnies de pralines ! Des pralines qui avaient le goût de l'amour maternel : elles n'avaient pas été achetées dans un quelconque commerce, mais confectionnées par les tendres mains de ma mère. ”

Ingrédients
150 g de sucre cristallisé
2 cuillerées à soupe d'eau
1 cuillerée à soupe de jus de citron
1 grosse noix de beurre
200 g d'amandes

■ *Faire avec le sucre, l'eau et le jus de citron un caramel un peu foncé. Plonger les amandes dans ce caramel pour les napper. Les retirer une à une du caramel à l'aide d'une fourchette. Les laisser refroidir en les posant bien espacées dans une assiette beurrée... et puis les croquer.*

Le caramel des pralines peut être parfumé avec de la cannelle moulue, ou en remplaçant le beurre doux par du beurre salé – comme le font traditionnellement les Britanniques.

Les roudoudous

« Le matin, nous allions sur la plage ramasser des coquilles Saint-Jacques, des pétoncles et des praires, les coquillages qui allaient accueillir le caramel des roudoudous. Mes papilles se réjouissent encore au souvenir du moment magique où je commençais à lécher l'intérieur du coquillage en sachant que je n'en verrais pas la fin avant longtemps. Des heures et des heures de délices, de volupté... Nous cachions les roudoudous au fond de nos poches, ils en ressortaient poisseux à la récréation suivante ! »

Ingrédients
150 g de sucre en poudre
50 g de beurre
1 cuillerée à soupe d'eau
1 cuillerée à soupe de sirop de fruit

- Dans une casserole en inox, mettre l'eau, le sucre et le beurre. Porter tout doucement à ébullition tout en tournant le mélange avec une cuiller en bois. Continuer jusqu'au changement de couleur, sans faire trop foncer le caramel. Pour arrêter la cuisson, ajouter le sirop de fruit – en prendre un coloré, par exemple : menthe, cassis, grenadine, orange, fraise. Alors que le caramel est encore liquide, le verser dans les coquillages et le laisser prendre.
- Attention : les roudoudous s'apprécient une fois bien refroidis.

La pâte de coings

“ J'aime bien manger chez ma Mémé. Sa maison sent bon, les morceaux de savon de Marseille sèchent sur le haut du buffet. Eté comme hiver, la cuisinière est allumée. Mémé est très contente : elle la trouve moderne, sa cuisinière, avec son four et sa bouilloire. Moi, je la trouve belle ; son bleu émaillé me ravit.

Mémé aussi, je la trouve belle. Elle a des cheveux de neige... Elle cuisine mieux que personne, Mémé. Ses civets de lièvre ou de lapin sont renommés. Chaque Noël, notre médecin de famille, qui habite à 25 kilomètres, fait le déplacement. Le poêlon de terre emmailloté d'un immense torchon noué aux quatre coins s'en va chez lui sur la table du réveillon. Quand il ramène le poêlon (vide, bien sûr !) et qu'il dit : "Madeleine, nous nous sommes régalés", Mémé ne dit rien, mais dans ses yeux s'allume une petite bélugue[1] de plaisir.

Les coings sont sur la table, énormes, jaunes et duveteux. Mémé les essuie avec un torchon propre puis les coupe en quatre sur la planche à hacher et retire les pépins qu'elle enferme dans un carré de mousseline. Elle met le tout dans une bassine à confiture avec un peu d'eau, elle couvre et hop! sur la cuisinière. Quand les quartiers sont tendres, elle retire la bassine du feu et met de côté le jus de cuisson pour faire la gelée de coings, menant lentement à ébullition le sucre et le jus qu'elle laissera cuire une demi-heure. Pour les quartiers de coings, le travail est plus long : elle les passe à la moulinette et leur ajoute le sucre cristallisé. Le tout est remis dans la bassine, sur le feu. Mémé tourne le mélange avec une

1 *En occitan de Provence, bélugue signifie étincelle.*

cuiller en bois, debout devant sa cuisinière pendant une demi-heure. J'entends les petits floc ! des bulles qui crèvent la pâte, il fait une chaleur ! Mémé dit : "Lève-toi de là, que tu es rouge comme un gratte-cul ! Va préparer les assiettes." J'aligne les assiettes où Mémé fait couler la pâte qui finit juste de bouillir. Elle embaume la maison. Elle a une couleur brune, presque rousse. Moi, je pense qu'il va falloir la retourner dans l'assiette tous les deux jours, et attendre qu'elle soit assez sèche pour que Mémé me dise enfin : "Allez, zou, tu peux en manger !"
Ma grand-mère s'en est allée depuis longtemps enseigner aux anges les recettes de notre belle Provence. Plus de quarante ans après, chaque fois que je fais la pâte de coings, elle est toujours avec moi, ma Mémé, avec son beau tablier blanc et ses cheveux de neige ... ”

Recette de la gelée et de la pâte de coings

Ingrédients
1 kg de sucre cristallisé pour 1 l de jus
750 g de sucre cristallisé pour 1 kg de coings

- *Essuyer, laver, épépiner, peler et découper en quartiers les coings. Récupérer les pépins et les enfermer dans une mousseline.*
- *Dans une grande marmite, couvrir d'eau les quartiers de coings et la mousseline de pépins, et faire cuire jusqu'à tendresse. Egoutter les coings et récupérer le jus. Ajouter à ce jus le sucre cristallisé. Faire cuire à petits bouillons jusqu'à ce que la gelée perle au bout d'une cuiller en bois.*
- *Mettre en bocaux stérilisés.*

- *Pour la pâte de coings, passer au moulin à légumes la chair cuite. La verser dans une grande casserole avec le sucre et travailler sans cesse à l'aide d'une cuiller en bois sur feu doux pendant une demi-heure.*
- *Etaler sur une plaque et sur une épaisseur de 2 cm. Laisser sécher deux ou trois jours avant de découper en bâtonnets, puis les rouler dans du sucre en poudre. Conserver dans une boîte en fer.*

Le pain perdu

“ Pain perdu... pas pour tout le monde ou pain "des petits oiseaux".
Ma grand-mère était aussi bonne et douce que le sucre et, outre son prénom, Madeleine, elle m'a laissé en héritage sa tendresse et son extraordinaire gourmandise, qui nous vaut d'ailleurs quelques rondeurs... et un beau sourire.
Elle nous expliquait, à nous ses petits oiseaux, que le pain - aliment de base par excellence - était sacré, qu'il ne fallait pas en laisser une miette et surtout pas en jeter. Nous l'écoutions religieusement, et jamais du pain ne s'est perdu. ”

“ C'était la fête, le goûter surprise, dans toute sa simplicité, et là était toute son originalité. Quelques tranches de pain de la veille, fines mais pas trop, trempées dans deux ou trois œufs battus avec un verre de lait. Chaque tranche dorée à la poêle, un côté puis l'autre et, toute chaude, saupoudrée de sucre.
Un régal ! Et quand mes enfants m'ont dit par un après-midi trop gris : "Et si on faisait du pain perdu ?", j'ai su que c'était gagné, le pain perdu perdurerait ! ”

“ Pendant qu'une première fournée cuisait, maman mettait à fondre au bain-marie quelques grosses cuillerées à soupe de miel. Lorsque le pain était doré des deux côtés, elle badigeonnait une face après l'autre chaque tranche de pain. Quelques instants de plus à la poêle, et le pain perdu était délicieusement caramélisé. ”

Ingrédients
6 tranches de gros pain rassis
1 œuf
1/2 l de lait entier
1 cuillerée à soupe de sucre

■ *Passer les tranches de pain rassis d'abord dans le lait puis les tremper dans l'œuf battu pour les faire dorer, ou bien battre œuf et lait avant d'en imbiber les tranches de pain. Dorer à la poêle.*

Sucrer le lait ou saupoudrer de sucre en poudre le pain perdu cuit.

Le pain perdu, friandise du goûter et de dessert, varie selon les régions : au Sud, il cuit dans un peu d'huile, au Nord dans du beurre. Habitudes alimentaires différentes, ce n'est qu'une question de goût...

Les variantes sont nombreuses, et il est toujours possible de tester quelques idées. La cannelle peut être incorporée au lait, ou de la cardamome verte écrasée en petite quantité. Rhum, kirsch ou whisky ajouté au mélange lait/œufs permettent de varier les saveurs. Enfin, les sucres roux, la vergeoise ou le sirop doré (sirop de sucre vendu dans les épiceries anglaises sous le nom de golden syrup) peuvent enrichir le goût du pain perdu.

Pain de chien et Torejas

“J'ai 66 ans, j'en fais toujours et mes neuf petits-enfants adorent le pain de chien de leur mamie.”

Ingrédients
pain rassis
1 l de lait entier
3 œufs
12 morceaux de sucre
200 g de pruneaux,
ou fruits confits,
ou raisins secs
1 verre à liqueur
d'eau-de-vie
1 sachet de sucre vanillé

- Mettre du pain rassis à tremper dans le lait bouillant sucré. Bien écraser à la fourchette ou à la main : il ne doit plus rester de liquide.
- Ajouter les œufs et bien mélanger. Incorporer, au choix : pruneaux dénoyautés, raisins secs, fruits confits, un petit verre d'alcool ou de liqueur, du sucre vanillé ou encore un demi-pot de confiture.
- Beurrer généreusement un plat à gratin et le remplir avec le mélange. Mettre au four préchauffé à 175 °, pendant 40 à 45 minutes.
- Piquer la lame d'un couteau dans le gâteau : si elle ressort sèche, il est prêt. Le dessus doit être bien doré et croustillant. Laisser refroidir... Le pain de chien se mange tiède ou froid.

Les fruits secs peuvent être remplacés par des fruits frais coupés en petits morceaux : pommes, poires, pêches, abricots...

“Venus d'Espagne en 1953 et pas très riches, nous adorions les torejas que mama faisait, pourtant peu originaux.”

- Le pain trempé dans le lait puis dans les œufs battus est mis à frire dans de l'huile. Les torejas sont ensuite abondamment saupoudrées de cannelle moulue et de sucre en poudre.
- Déguster chaud, tiède ou froid.

Bettelmann ou mendiant

Ingrédients
6 petits pains au lait (ou une baguette de pain) rassis
4 œufs
40 cl de lait
1 sachet de sucre vanillé
125 g de sucre en poudre
1/2 cuillerée à café de cannelle en poudre
2 cuillerées à soupe de kirsch
50 g de raisins secs
50 g de beurre
750 g de cerises noires

- *Râper la croûte des petits pains (ou de la baguette) et mélanger la chapelure ainsi obtenue avec la cannelle.*
- *Faire fondre le sucre vanillé dans le lait chaud et verser sur le pain. Ecraser le pain imbibé à la fourchette et incorporer les jaunes d'œufs, le sucre, les raisins trempés dans le kirsch, le kirsch et les cerises sans les dénoyauter (les cerises non dénoyautées donnent toujours plus de goût aux pâtisseries).*
- *Battre les blancs d'œufs en neige et les incorporer délicatement à la préparation de pain. Verser le tout dans un plat à gratin en terre bien beurré. Saupoudrer du mélange chapelure-cannelle, et parsemer de petits morceaux de beurre. Enfourner à 200 ° pendant 1 h à 1 h 15.*
- *Le mendiant se mange chaud, tiède ou froid, mais toujours avec des cerises noires. Il se conserve quatre à cinq jours.*

Petits gâteaux à la crème de lait

« Maintenant, il est devenu rare de trouver du lait cru... et même en faisant bouillir du lait entier, on n'obtient qu'une mince couche de crème. Comme tout le monde adore ces gâteaux, je remplace la crème de lait par de la crème fraîche épaisse... »

« Maman avait fait sa pâte que j'avais goûtée crue bien sûr, avec les cristaux de sucre qui croquaient sous les dents et ce goût fade de farine... elle avait retiré du four de la cuisinière les deux briques de maçonnerie qui servaient de bouillottes en hiver. D'un geste délicat elle introduisait la plaque dans le four et fermait la porte en fonte émaillée bleue... l'aboutissement au péché de gourmandise allait s'épanouir au chaud, dans l'ombre, entre le foyer et le grand compartiment de bain-marie... C'était parti pour le grand mystère du 20-25 minutes... »

Ingrédients
1 bol de crème de lait ou de crème fraîche épaisse
1 bol de farine
1 bol de sucre en poudre
1 pincée de sel

- *Verser tous les ingrédients dans un saladier. Bien mélanger. Beurrer une plaque allant au four et disposer dessus la pâte en petits tas à l'aide d'une petite cuiller. Bien espacer les petits tas qui s'étalent à la cuisson. Faire cuire au four à 180° pendant 10 à 15 minutes. Les gâteaux sont cuits lorsque les bords sont bien dorés. Sortir du four et laisser refroidir. Conserver les gâteaux à la crème de lait dans une boîte en fer.*

La madeleine de Marie

« Dans les années trente, Marie tenait un étal sur le marché de Narbonne : elle servait du cassoulet, de la bouillabaisse, des tomates et aubergines farcies, des calamars, de la daube, mais surtout un quatre-quarts appelé madeleine.
Célèbre dans les halles, la madeleine de Marie était un énorme gâteau aux bords cannelés, sa croûte brune (parfois un peu brûlée) éclatée laissant passer entre deux lèvres croustillantes un peu de son cœur souple, mœlleux et d'un jaune éclatant. Armée d'un grand couteau, Marie ouvrait en deux l'énorme madeleine, une odeur suave envahissait la vieille cuisine : vanille, rhum, citron... Elle coupait une tranche épaisse et nous étions ses premiers clients. Quel goûter ! Sous la croûte épaisse une mie tendre, aérienne, et encore un peu de gâteau caramélisé au fond du moule. Le secret de ce goût merveilleux ? Les madeleines étaient préparées avec de la crème de lait. Marie la prélevait sur les grandes marmites de lait qu'elle faisait bouillir en prévision des câfés au lait et des chocolats qu'elle servirait le lendemain. »

Ingrédients
4 œufs
200 g de sucre en poudre
200 g de farine
200 g de crème
1 paquet de levure chimique
le zeste d'un citron
1 cuillerée à soupe de rhum
extrait de vanille

- *Fouetter les œufs et le sucre jusqu'à ce qu'ils blanchissent. Ajouter la crème puis battre de nouveau pour faire mousser. Ajouter la farine, le sel, la levure et les parfums. Brasser pour obtenir une pâte moelleuse – "qui fait le ruban".*
- *Versez l'ensemble dans un moule à manqué beurré et fariné : le remplir aux trois quarts seulement pour que la pâte ne déborde pas pendant la cuisson. Enfourner à 200 ° pour 45 minutes.*

Les macarons de Mémé

*« C'était en 1943. Me revient surtout le souvenir des jeudis, des jours privilégiés réservés aux jeux avec mes camarades, et les après-midi consacrés à la confection des macarons.
Ma grand-mère, économe comme on l'était à l'époque, se servait du pot à crème (recueillie tout au long de la semaine précédente sur le lait refroidi qu'elle faisait journellement bouillir) comme mesure.
Le four de la cuisinière, allumée tous les matins, engouffrait la plaque largement beurrée sur laquelle s'étalaient les cuillerées de pâte à macarons. "Une demi-heure", annonçait-elle. Je n'en voyais pas la fin, tant cette bonne odeur de pâtisserie chaude me chatouillait agréablement les narines. Et le supplice ne finissait pas à la sortie des petites galettes dorées au four : il fallait attendre que les macarons commencent à refroidir avant de pouvoir les goûter. »*

Ingrédients
1 bol de crème de lait ou de crème fraîche épaisse
1 bol de sucre en poudre
1 bol de farine
1 pincée de sel

- *Bien mélanger tous les ingrédients en commençant par la crème et la farine, puis en ajoutant le sucre et la pincée de sel.*
- *Déposer des cuillerées de pâte bien espacées sur une plaque beurrée. Eventuellement, saupoudrer les macarons de noix de coco en poudre ou d'amandes effilées.*
- *Mettre au four préchauffé à 150 °, laisser pendant 10 à 15 minutes. Les macarons sont cuits quand ils ont une belle couleur dorée.*

Les petits sablés de Noël

“ C'était un peu avant Noël, comme un rituel sacré reconduit chaque année.
Je me souviens de la table de cuisine saupoudrée de farine, parsemée d'emporte-pièce à la douce évocation de Noël, étoiles sereines ou filantes, sapins et croissants de lune qui scintillaient de mille feux dans mes yeux rêveurs et éblouis comme dans un conte enchanté.
Je revois ma mère pétrissant la farine fluide, mélangeant œufs, beurre et sucre : sous mes yeux d'enfant, la matière prenait forme comme par magie.
Sous la pression de ses doigts agiles et experts, le souffle du blé s'était peu à peu transformé en boule ronde, lourde et malléable qui vivait dans le creux de ses mains chaudes et douces.
De ces moments partagés, il me reste la douceur de nos regards complices, échangés dans un silence mystérieux comme pour préserver le charme des préparatifs de la nuit sainte.
Puis la pâte reposait, s'alanguissait sous le long va-et-vient du rouleau de bois. Venait alors l'instant fébrile où de mes petits doigts maladroits je tentais de donner forme à cette pâte jaune d'or et savoureuse qui sentait bon le sucre.
Avec le temps, cette saveur toute particulière de l'enfance a subsisté, et chaque année, un peu avant Noël, je fais revivre sous les yeux de ma fille la tradition des petits sablés.
A la recherche du goût merveilleux des Noëls d'autrefois. ”

Petits fours au beurre

Tout au long de l'année, les fêtes sont une source inépuisable de souvenirs sucrés. Chaque région a dans sa tradition des biscuits, des beignets ou des brioches pour marquer un événement.
En Alsace, la tradition veut qu'à Noël les mères et les grands-mères fassent des petits gâteaux spéciaux aux innombrables recettes. Les enfants sont généralement les premiers à mettre la main à la pâte, renouvelant ainsi les générations de gourmands.

Ingrédients
500 g de farine
250 g de beurre
250 g de sucre
8 jaunes d'œufs

- *Mélanger les ingrédients en les travaillant bien et longtemps. Laisser reposer la pâte pendant 2 heures.*
- *Etaler la pâte au rouleau sur une table farinée. L'abaisse doit avoir 4 mm d'épaisseur. Découper dedans des formes au choix – petits bonshommes, étoiles, ronds, croissants, à la main ou à l'emporte-pièce. Dorer à l'œuf les petits gâteaux après les avoir installés sur une plaque allant au four préalablement bien beurrée.*
- *Enfourner à 130 ° et laisser cuire 10 minutes.*

Farine 125
sucre 60
oeufs 2
beurre 60 gr

Petits-beurre à la cannelle

Ingrédients
300 g de beurre
2 œufs
300 g de sucre
20 g ou 2 cuillerées à soupe de cannelle en poudre
150 g de poudre d'amandes
900 g de farine
le zeste râpé et le jus d'un citron

- *Mélanger les ingrédients et travailler jusqu'à obtention d'une pâte homogène et lisse. Laisser reposer une nuit.*
- *Le lendemain, étaler la pâte au rouleau sur une épaisseur de 3 à 4 mm. La découper en petits carrés et les badigeonner avec un jaune d'œuf.*
- *Les disposer sur une plaque beurrée, et enfourner à 180 ° pour 10 minutes.*

Petits fours à l'anis

Ingrédients
600 g de farine
500 g de sucre
6 œufs
2 cuillerées à soupe de graines d'anis

- *Battre les œufs et le sucre pour les faire blanchir.*
- *Ajouter les graines d'anis et la farine. La pâte doit être assez ferme.*
- *Sur une tôle allant au four, bien beurrée, disposer à l'aide d'une cuiller des petits tas de pâte.*
- *Laisser sécher pendant 24 heures dans une pièce fraîche.*
- *Le lendemain, mettre au four à 130 ° pour 10 minutes. Le dessus doit rester clair sans trop dorer.*

Les cougnous

“ Une recette wallonne de petits pains sucrés aux raisins à déguster avec un café au lait ou un chocolat le matin de Noël. ”

Ingrédients
1 kg de farine
30 cl de lait
4 œufs
30 g de levure de boulanger
200 g de beurre
100 g de sucre en poudre
250 g de raisins secs
350 g de sucre perlé (ou du sucre cassé en tout petits morceaux)
1 petite cuillerée à café de sel

- Diluer la levure dans un peu de lait tiède.
- Faire une fontaine avec la farine et verser au milieu le lait, la levure diluée, les œufs, le sucre en poudre, le beurre et le sel. Pétrir pour obtenir une pâte homogène qui ne colle pas aux mains (ajouter de la farine si la pâte est trop collante).
- Laisser lever la pâte pendant 20 minutes. Ajouter le sucre et les raisins, travailler la pâte de nouveau. La découper en morceaux de 100 à 200 g puis la façonner en petits pains. Les disposer sur une plaque à four bien beurrée en laissant un espace entre les cougnous.
- Laisser lever 40 minutes. Dorer à l'œuf.
- Mettre au four à 200 ° pendant 15 à 20 minutes. Laisser refroidir pour déguster.

Bien choisir les raisins secs. Petits et noirs, ce sont les raisins de Corinthe au goût très caramélisé. Ronds et dorés, ce sont les Smyrne. Vendus en grappe ou en sachet de forme triangulaire, les gros raisins de Malaga sont seulement disponibles en hiver : très bons, ils présentent l'inconvénient d'avoir de gros pépins.

Les rissoles

De tradition à Noël en Savoie, les rissoles sont très connues dans la vallée de l'Arve et sur les bords du Léman. Ce sont de petits chaussons aux poires, frits. Les poires à chair ferme, spécifiques à ce dessert, portent parfois le nom de poires de curé.
Les rissoles sont faites avec une sorte de pâte feuilletée, parfumée à l'eau-de-vie ou à la fleur d'oranger, sucrée, peu beurrée et légèrement levée.

Ingrédients
1 pâte feuilletée
1 verre à liqueur de rhum ou d'eau de fleurs d'oranger
1 verre et demi d'eau
2 grosses cuillerées à soupe de sucre en poudre
50 g de beurre

- *Faire cuire avec un peu de beurre des petites poires fermes pelées et épépinées (variété passe-crassane). Sucrer et parfumer.*
- *Etaler la pâte finement. A l'aide d'un bol, découper dedans des cercles.*
- *Sur chacun d'eux, poser un peu de poires cuites. Replier en demi-lune pour former les rissoles. Souder les bords avec de l'œuf ou du lait et faire adhérer les lèvres entre elles à l'aide d'une fourchette. Faire cuire dans de l'huile à la poêle, ou dans une friteuse, jusqu'à obtention d'une belle couleur dorée.*
- *Les rissoles peuvent se garder une dizaine de jours.*

Il est possible de remplacer une pâte feuilletée maison par une vendue dans le commerce. Une seule précaution : vérifier qu'elle est bien pur beurre.

Beignets de Noël ardéchois

« Deux jours avant Noël, ma grand-mère s'imposait la lourde tâche de confection des beignets ardéchois. Il fallait beaucoup d'énergie et une surveillance assidue pour mener à bien leur réalisation. »

Ingrédients
1 kg de farine
5 œufs
1 citron
1 verre à liqueur d'eau de fleur d'oranger
1 verre à liqueur de rhum
200 g de beurre
250 g de sucre en poudre
1 pincée de sel
30 g de levure de boulanger

- Diluer la levure dans un peu d'eau ou de lait tiède. Faire une fontaine avec la farine et ajouter les œufs, le sucre, le beurre en petits morceaux, l'eau de fleur d'oranger, le zeste du citron râpé, le jus du citron, le sel, le rhum et la levure diluée. Travailler pour obtenir une pâte homogène et souple.
- Laisser reposer la pâte toute une nuit sous un torchon dans une pièce chaude.
- Le lendemain, étendre la pâte au rouleau par petits morceaux : quand elle est d'une épaisseur de 2 à 3 mm, la découper en rectangles de 3 cm sur 6.
- Jeter ces rectangles de pâte dans l'huile bouillante d'une friteuse. Egoutter sur un papier absorbant et saupoudrer de sucre.
- Les beignets ardéchois peuvent se garder quelques jours.

Les oreillettes

La recette est identique à celle des beignets de Noël ardéchois.

« Dans un pays non loin d'ici, des Noëls sans neige. Pas de sapin traditionnel, mais en guise d'arbre de Noël un pin décoré avec amour. Que de traditions empruntées à tout le folklore méditerranéen : africain, espagnol, français. Autant de souvenirs enfouis dans nos mémoires nées en Afrique. Une semaine avant Noël, nous préparions les oreillettes, merveilles sucrées et croustillantes, douceurs rituelles, légères et savoureuses qui ont enchanté mon enfance et adoucissaient les jours d'hiver. Nous disposions les oreillettes cuites dans une corbeille, protégées par un linge blanc, après les avoir généreusement saupoudrées avec un mélange de sucre en poudre et de sucre vanillé. La corbeille de mon enfance était un moïse, berceau qui se transmettait de génération en génération. Parfois le moïse suffisait à peine tant les oreillettes étaient abondantes. Nous, les enfants, avions le droit d'utiliser les restes de pâte. Nous étalions la pâte comme l'avaient fait nos mères et nos grands-mères et, de nos doigts maladroits, nous découpions petits personnages et animaux qui, en cuisant, devenaient des monstres... mais nous les déposions avec fierté dans la corbeille. »

« Jadis les oreillettes étaient confectionnées non pas sur le marbre fariné, mais sur les genoux des dames, coiffés d'un torchon de cuisine (pas les dames, les genoux). Chaque boule était aplatie, puis délicatement étirée de part et d'autre du genou pour confectionner, à la limite de la déchirure, les fines dentelles des oreillettes, ces merveilles croquantes et parfumées. »

La mona

“ Je vais vous confier un trésor de famille. Ce n'est ni un secret ni une chose extraordinaire, mais elle représente mon enfance, celles de ma mère, de ma grand-mère et de mon arrière-grand-mère.
Les monas – un joli nom, Mona, comme un prénom – se préparent surtout au moment de Noël et se dégustent trempées dans du chocolat chaud. ”

Ingrédients
2 œufs
3/4 d'un verre d'huile
200 g de sucre en poudre
400 g de farine
30 g de levure de boulanger
le zeste râpé d'une demi-orange
le jus d'une orange
1 cuillerée à soupe de rhum

- Diluer la levure dans deux cuillerées à soupe d'eau tiède et la mélanger à une petite poignée de farine en la travaillant rapidement. Laisser reposer pendant 1 heure pour que le levain se forme.
- Former un puits avec la farine. Verser le sucre, l'huile, les œufs, les parfums et le levain. Travailler pour obtenir une pâte homogène.
- Former une boule et la laisser reposer sous un torchon pendant 2 à 3 heures dans une pièce chaude.
- A la fin de cette première poussée, diviser la boule en deux d'égale grosseur et laisser de nouveau lever pendant 1 heure sur du papier sulfurisé (ou sur du papier journal).
- Avant d'enfourner, dorer les monas à l'œuf battu et les saupoudrer de sucre. Mettre au four à 200 ° pour une petite heure. Attention, bien surveiller la cuisson : les monas doivent former une jolie croûte brune.

Les bugnes

“ Le jour du carnaval, tous les enfants de l'école portaient des costumes et se maquillaient avec les moyens du bord. Tout au long de la journée, ils faisaient du porte-à-porte en chantant une petite chanson, et les villageois emplissaient les tirelires pour la plus grande joie des enfants qui les secouaient pour faire entendre le bruit des pièces.
En fin d'après-midi, arrivait le meilleur moment. Après avoir longuement parcouru les rues, les enfants se rassemblaient chez les institutrices où les attendaient les bugnes toutes fumantes préparées par les mamans. ”

Ingrédients
250 g de farine
75 g de beurre
3 jaunes d'œufs
100 g de crème
4 cuillerées à soupe de rhum
3 cuillerées à soupe d'eau
le zeste râpé d'1 citron
1 pincée de sel

- *Dans un saladier, mélanger tous les ingrédients pour obtenir une pâte lisse. Laisser reposer 1 heure.*
- *Aplatir la pâte au rouleau à pâtisserie sur une épaisseur de 4 mm. Découper dedans de petits triangles ou rectangles.*
- *Dans l'huile bien chaude d'une friteuse, faire dorer les bugnes des deux côtés avant de les égoutter sur un papier absorbant.*
- *Déguster bien chaud, nature, ou avec un peu de confiture.*

Les pets-de-nonne

« Même quand nous partions camper, mon père, gourmand et gourmet, ne renonçait pas à cuisiner. Et je m'émerveillais de le voir préparer plats et desserts sur un réchaud à gaz portatif, à feu unique posé sur une toute petite bonbonne. Pour moi, le résultat, en tout point comparable à celui obtenu dans une cuisine luxueusement aménagée, relevait du miracle. Entre autres délices, je me souviens des pets-de-nonne, selon lui ainsi nommés parce qu'ils se devaient d'être aussi légers qu'un "vent" religieux... Assis en tailleur sur l'herbe douce, non loin de la rivière au bruit joli, nous dégustions les pets-de-nonne à peine sucrés. »

Ingrédients
130 g de farine
1/4 de l d'eau
70 g de beurre
70 g de sucre en poudre
4 œufs
1 pincée de sel

- *Dans une casserole en inox assez grande, mettre à bouillir l'eau, le sucre, le beurre et le sel.*
- *Ajouter en une fois la farine et travailler avec une cuiller en bois tout en gardant sur feu doux.*
- *Au bout de deux à trois minutes, la pâte se détache de la paroi de la casserole pour former une boule.*
- *Retirer du feu et ajouter un à un les œufs en prenant soin de bien incorporer chacun d'eux.*
- *Avec deux cuillers à soupe trempées dans l'eau, former des boules de pâte puis les plonger dans la friture bouillante.*
- *Bien faire dorer avant d'égoutter sur un papier absorbant. Saupoudrer avec du sucre glace.*

Cuisinés sur la base d'une pâte à choux frite, les pets-de-nonne peuvent être accompagnés de sucre glace, mais aussi de coulis ou de confiture de prune ou d'abricot.

Les crêpes

“ C'était les vacances de la Toussaint et nous les passions comme chaque année chez nos grands-parents dans le Trégor. Tous trois, alignés en rang d'oignons sur le banc en noyer massif, nous regardons notre grand-mère verser dans une jatte un plein grand bol de farine blanche puis un verre entier de sucre cristallisé qu'elle incorpore soigneusement à la farine qui s'éclaire d'une multitude de points brillants. Elle aménage ensuite un puits dans lequel elle casse six gros œufs globuleux orange vif, et mélange délicatement le tout qui se métamorphose en une lourde pommade lisse qu'elle entreprend alors de battre en attendant que le lait, qui vient de bouillir en compagnie d'une gousse de vanille éventrée, tiédisse en faisant sa crème sur les bords de la vieille casserole.

À notre grand ravissement, elle nous raconte pour la énième fois l'histoire de sa tante Catherine, sœur de sa mère dont le mari était mort en mer, la laissant seule pour élever les deux enfants dans une triste vie de labeur, accrochée à son rocher comme une bernicle.

Catherine, elle, voulait la grande vie, elle s'était entichée du fils du docteur du bourg au grand dam des villageois ; afin d'éviter le courroux du curé, les deux amants s'étaient enfuis vers l'Amérique.

Dieu, qu'elle l'avait enviée, sa sœur, notre aïeule ! Elle rêvait, en trimant, de la vie magnifique que celle-ci devait avoir, trop occupée pour envoyer de ses nouvelles.

Le temps passait, immuable, jusqu'au jour où la carriole du facteur tirée par un gros chien hirsute s'arrêta devant la maison. L'employé de la poste remit à ma mère un volumineux

paquet portant le cachet de l'étranger qui contenait un magnifique vase empli, croyait-elle, de poudre de cannelle. Chaque fois qu'elle faisait des crêpes, elle saupoudrait copieusement de la cannelle envoyée par notre gentille tante, donnant à sa pâte une saveur incomparable. Une fois vide, le récipient trôna longtemps sur le manteau de la cheminée comme un trophée, jusqu'au jour où ma nièce qui avait achevé ses études en ville revint au pays.
C'est par elle que nous apprîmes, horrifiés, qu'il s'agissait de l'urne contenant les cendres de la défunte Catherine. Voici pourquoi, mes petits trolls, poursuivait grand-mère, je remplace toujours la cannelle par de la vanille des îles. Et maintenant que le beurre rissole, faisons cuire les crêpes à la vanille. »

Ingrédients
250 g de farine
1/2 l de lait entier
2 œufs
1 cuillerée à soupe de beurre fondu
1 cuillerée à soupe d'extrait de vanille
1 cuillerée à soupe de cannelle en poudre

- Mettre la farine dans une terrine, y creuser un puits et casser dedans les œufs entiers. Travailler énergiquement la pâte à la fourchette ou au fouet, en mouillant peu à peu avec du lait jusqu'à ce que la pâte "fasse le ruban". Parfumer avec la vanille ou la cannelle. La laisser reposer 1 heure. Elle va épaissir, l'allonger avec le reste du lait ; en ajouter si nécessaire.
- Mettre le beurre dans la poêle. Verser une louchette de pâte en inclinant la poêle et en lui imprimant un mouvement de rotation pour bien étendre la crêpe. La retourner dès qu'elle peut se détacher
- Servir les crêpes très chaudes.

Les navettes

Les navettes, une spécialité marseillaise de la Chandeleur, peuvent se déguster avec de la confiture, de la gelée de coings, du chocolat ou des fruits confits. Mais la tradition veut qu'elles se mangent nature....

Ingrédients
750 g de farine
300 g de sucre en poudre
75 g de beurre
3 œufs
2 cuillerées à soupe d'eau de fleur d'oranger
1/2 cuillerée à café de sel
1 sachet de levure chimique

- Dans un grand saladier, faire une fontaine avec la farine et y verser les œufs, le sucre, le sel, la levure, l'eau de fleur d'oranger et le beurre ramolli. Bien travailler tous les ingrédients pour obtenir une pâte souple et ferme. Si la pâte est trop sèche, ajouter un peu d'eau. Laisser reposer la pâte pendant 1 heure. La diviser en trois pâtons puis les rouler sur un plan de travail fariné jusqu'à leur donner un diamètre régulier de 10 cm environ.
- Avec un couteau, tailler chaque pâton en dix portions égales. Découper chacun d'eux en forme de petite barque aux extrémités effilées, et inciser sur la longueur.
- Disposer les navettes sur une tôle beurrée. Enfourner à 100 ° pendant 20 minutes.
- Décoller les navettes cuites à l'aide d'une spatule et laisser refroidir avant de mettre dans une boîte en fer. Les navettes se conservent très longtemps.

Les guenilles d'Auvergne

« Ces guenilles, beignets de la Saint-Jean aux lueurs du fougat[1], ont accompagné mon enfance. La journée se passait à collecter du bois, des fagots pour que notre feu soit le plus haut possible. Beaucoup de familles préparaient les guenilles pour la veillée. Nous, les enfants, confectionnions des guenilles en forme de bonhomme... Notre imagination et nos doigts travaillaient à de petits chefs-d'œuvre. La pâte souple et docile se prêtait à nos fantaisies. Le beignet avait alors une saveur incomparable.
Le soir, le feu était allumé, tout le monde dansait, riait. La colline s'illuminait des feux de tous les villages. Emerveillés, nous essayions de deviner à quel hameau appartenaient ces fougats, avant d'écouter les adultes qui égrenaient les noms des villages tout en comparant la puissance de leurs feux. Saoulés de bruit, de guenilles et de lumière, nous sautions les dernières braises. L'Auvergne lointaine s'endormait... »

Ingrédients
7 œufs
100 g de crème fraîche
1 kg de farine
14 cuillerées à soupe de sucre en poudre
2 sachets de levure chimique
2 sachets de sucre vanillé
2 cuillerées à soupe de rhum

- *Battre au fouet les œufs, le sucre, la crème fraîche, le sucre vanillé et le rhum pour les faire mousser.*
- *Ajouter la farine et les sachets de levure. Travailler à la main afin d'obtenir la consistance d'une pâte à tarte. Laisser reposer 2 heures sous un torchon.*
- *Etaler au rouleau sur une épaisseur de 5 mm. Découper au couteau de petits rectangles et les fendre au milieu.*
- *Faire frire les guenilles à la friteuse. Les égoutter... et les croquer.*

1. *En occitan d'Auvergne, le fougat désigne le feu de la Saint-Jean.*

Dampfnüdle

" *En alsacien, dampfnüdle signifie "petits pains gonflés à la vapeur".* "

Ingrédients
500 g de farine
1/4 l de lait tiède
60 g de beurre
2 œufs
30 g de levure de boulanger
1 cuillerée à soupe de sucre en poudre
1 pincée de sel
1 cuillerée à soupe d'huile
1 noix de beurre

- Dans le lait tiède, mélanger le sucre, le sel, la levure et le beurre.
- Verser dans une terrine sur la farine et ajouter les œufs.
- Bien travailler la pâte, l'aérer, la soulever à la main pour obtenir une consistance homogène. La laisser lever pendant 1 heure.
- Etaler au rouleau sur une épaisseur de 3 cm et découper des rondelles à l'aide d'un verre. Laisser de nouveau lever pendant 30 minutes.
- Dans une cocotte en fonte, faire chauffer à feu doux l'huile et une noix de beurre. Déposer les rondelles de pâte dans cette matière grasse et ajouter un petit verre d'eau. Couvrir. Laisser cuire jusqu'à apparition d'une jolie croûte dorée sur les rondelles gonflées à la vapeur d'eau.
- Servir tiède avec une compote de pommes ou de la crème fouettée.

Beignets d'acacia

“ Lorsque j'avais une dizaine d'années, ma grand-mère attendait avec impatience la floraison des acacias pour faire des beignets. Elle remettait alors son grand tablier bleu de jardinier... et commençait sa pâte. Sur le fourneau, la poêle noire à long manche chauffait avec un peu d'huile. Lorqu'elle était chaude, ma grand-mère déposait de grosses cuillerées de préparation. J'entendais l'huile crépiter, bouillonner sous les beignets. Dès qu'ils étaient dorés, grand-mère les disposait sur une assiette et les saupoudrait de sucre... quel régal ! ”

Ingrédients
200 g de farine
3 œufs entiers
1 cuillerée à soupe de sucre
lait
1 plein saladier de fleurs blanches d'acacia (ou violettes sauvages, ou pensées sauvages, ou angélique)

- *Préparer la pâte en mélangeant tous les ingrédients. Ajouter autant de lait que nécessaire pour obtenir la consistance de la pâte à crêpes.*
- *Débarrasser de leur rafle, la partie boisée réunissant la grappe, les fleurs d'acacia. Les mélanger à la pâte à beignets.*

Pour les gourmands, la cueillette est une source importante de saveurs. Quelques fleurs particulièrement riches en nectar comme l'acacia conviennent bien. Violettes et pensées sauvages, adoucissantes, apportent une agréable touche de couleur sur le dessus d'une salade de fruits. La violette de Toulouse, fleur cristallisée au sucre, est une vraie douceur. Ne pas oublier tous les fruits sauvages, disponibles du printemps à l'automne : fraises des bois, framboises, myrtilles ou brimbelles, cynorhodons ou gratte-cul, nèfles et prunelles après les premières gelées. Enfin une plante de montagne au goût caractéristique, l'angélique, dont la cousine cultivée est confite au sucre, peut parfumer les sirops de fruits.

Casse-dents

“Avec ses cinq enfants, maman avait beaucoup à faire : non seulement elle s'occupait de nous mais elle exerçait ses talents de fermière sur deux vaches, un âne, une chèvre et quelques poules. Lorsqu'elle s'était acquittée de toutes ses tâches quotidiennes, il lui restait peu de temps pour s'adonner à son loisir favori : la pâtisserie. Sa spécialité était les casse-dents, de petits gâteaux secs qui se conservaient à merveille dans une boîte métallique. Ils avaient une belle couleur blonde donnée par le jaune des œufs de nos poules nourries au maïs, et par le beurre de tante Jeanne.”

Ingrédients
3 œufs entiers
leur poids de sucre
leur poids de farine
30 g de beurre
70 g de poudre de noisettes
1 cuillerée à café de levure chimique

- *Bien mélanger les ingrédients pour obtenir une pâte lisse.*
- *Etaler la pâte dans un moule à manqué de forme rectangulaire bien beurré.*
- *Faire cuire au four à 200 ° pendant 10 minutes.*
- *Démouler le gâteau puis le découper en petits morceaux rectangulaires de 3 cm sur 5.*
- *Remettre les casse-dents au four sur une tôle à 150 ° pour 10 minutes, afin de les faire sécher.*
- *Laisser refroidir les gâteaux pour les manger ou les conserver dans une boîte en fer.*

La calotte

“Je passais toutes mes vacances scolaires chez mes grands-mères qui habitaient dans un hameau situé entre les Vosges et la Haute-Saône. Leurs deux maisons se touchaient, et je dormais chez l'une ou l'autre selon mon envie.
Ma grand-mère maternelle vivait d'une petite ferme : deux ou trois vaches, poules, oies, lapins, sans oublier chats et chiens. Pour un enfant, le paradis.... Une fontaine fournissait l'eau fraîche.
Mes grands-mères avaient une petite rivalité : chez laquelle prendrais-je le petit déjeuner ? Chez ma grand-mère paternelle, de délicieux biscuits à la cuiller m'attendaient dans une jolie boîte en fer blanc décorée. Chez mon autre grand-mère, la fameuse calotte. ”

Ingrédients
3 tasses de sucre
3 tasses de farine
3 œufs

■ *Mélanger tous les ingrédients. Déposer, sur une plaque préalablement beurrée, des cuillerées à soupe de pâte pour former des biscuits. Enfourner à 180 ° pendant 10 à 15 minutes.*

Os de grenouilles

« Ce drôle de nom provoquait l'hilarité générale lorsque nous étions enfants.
Cette friandise, très peu connue de nos jours, était élaborée par mon père René, alors pâtissier-glacier-chocolatier.
Il confectionnait ces gâteaux pour nous seuls, et ne les vendait pas dans sa boutique.
Les os de grenouilles peuvent se déguster nature, ou bien avec une crème anglaise ou une compote. »

Ingrédients
8 blancs d'œufs
625 g de sucre en poudre
500 g de farine
1 cuillerée à soupe d'eau de fleur d'oranger

- Après avoir monté à moitié en neige (pas trop fermes et encore liquides) les blancs d'œufs, incorporer le sucre et l'eau de fleur d'oranger. Laisser reposer 15 minutes. Mélanger ensuite la farine pour faire une jolie pâte, et la laisser reposer devant la porte du four allumé en préchauffage.
- Etaler sur une plaque bien beurrée de petits doigts de pâte et les enfourner à 130 ° pour 10 minutes.

Cornes de gazelle

« Dans l'appartement de nos voisins rapatriés d'Algérie, régnait toujours une douce odeur d'épices mélangées. J'avais droit à des goûters somptueux, avec plein de pâtisseries orientales aux douces saveurs. Les cornes de gazelle me régalaient particulièrement. »

Ingrédients

Pâte
250 g de farine
50 g de beurre
1 petit verre de lait
1 cuillerée à soupe de sucre en poudre
1 pincée de sel

Farce
200 g d'amandes en poudre
200 g de sucre en poudre
2 blancs d'œufs
1 cuillerée à café de cannelle
1 jaune d'œuf
sucre glace
1 cuillerée à café d'eau de fleur d'oranger

- Mélanger tous les ingrédients et travailler à la main pour obtenir une pâte élastique puis l'étaler au rouleau.
- Pour la farce, battre sans les amener à la neige les blancs d'œufs. Ajouter le sucre, les amandes et la cannelle.
- Etaler la pâte au rouleau puis découper des ronds de 6 à 7 cm de diamètre. Les étirer à la main pour leur donner une forme ovale puis poser dessus une petite cuillerée à soupe de farce. Souder au jaune d'œuf et refermer hermétiquement en pressant les bords tout en leur donnant une forme de corne. Enfourner à 150 °, sur une tôle beurrée, pendant 10 minutes environ.
- Au sortir du four, badigeonner les cornes de gazelle avec l'eau de fleur d'oranger puis les rouler dans le sucre glace.

Barachuelos

“ Un joli nom aux accents ensoleillés pour de petits beignets au miel préparés par une maman espagnole... dans une cité minière du Nord. ”

Ingrédients
1 kg de farine
3 pincées d'anis vert en poudre
500 g de miel
10 cl d'huile
10 cl de jus d'orange
10cl de vin blanc sec
le zeste d'une orange

- Dans l'huile chaude, faire infuser l'anis et le zeste d'orange. Quand l'huile est refroidie, jeter le zeste. Ajouter la farine, le vin blanc et le jus d'orange, et pétrir longuement. Etaler la pâte au rouleau sur 5 mm d'épaisseur. Découper des losanges et les frire à l'huile jusqu'à ce qu'ils soient dorés. Les égoutter.
- Dans une casserole, chauffer le miel à feu doux et y ajouter un petit verre d'eau pour le diluer un peu. Baigner les barachuelos dans le miel fondu. Egoutter et déguster froid.

Ménenath

« Ce petit sablé fourré aux amandes résume à lui seul mon enfance, ma culture et, d'une certaine manière, mon éducation. Une pâte sablée, celle que fait ma mère, que faisait ma grand-mère et sans doute sa mère et toutes les mères avant elle. Pâte sablée, pâte à tarte, pâte à gâteaux, pâte à ménenath, pâte à tout... tous les petits gâteaux que je connais sont faits avec la même pâte sablée. La farce : une petite boule de datte, roulée entre les doigts, malaxée... Le ménenath n'appartient qu'à nous : c'est notre trésor, notre petit coin de paradis, le goût de l'enfance et de notre ailleurs, un petit coin d'Egypte encore vivant, un petit morceau d'histoire. »

Ingrédients

Pâte
1 kg de farine
3 cuillerées à soupe de sucre en poudre
2 sachets de levure chimique
5 sachets de sucre vanillé
1 cuillerée à soupe d'huile de tournesol

Farce
500 g de beurre
1 kg de dattes
75 g de beurre
sucre glace

- *Verser la farine dans un grand saladier, ménager une fontaine et y ajouter le sucre, le beurre, trois sachets de sucre vanillé, la levure et l'huile. Travailler du bout des doigts ; quand tout est bien mélangé, détendre avec un demi-verre d'eau tiède pour obtenir une belle pâte lisse.*
- *Diviser en trois boules égales – qui donneront chacune 20 ménenaths – et les placer au réfrigérateur après les avoir protégées d'un torchon.*
- *Dénoyauter les dattes et les hacher finement. Incorporer le reste du sucre vanillé et le beurre. Former avec les doigts de petites boules de la taille d'une grosse bille.*
- *Prendre un peu de pâte, l'aplatir à la main et enfermer une bille de datte dedans en prenant soin de bien serrer les bords pour les souder.*
- *Mettre sur une plaque allant au four, et faire cuire à 150 ° pendant 10 à 15 minutes.*
- *Saupoudrer les ménenaths cuits de sucre glace.*

Crapiauds du Nivernais

Ingrédients

Pâte
125 g de farine,
3 cuillerées à soupe de sucre en poudre
1 sachet de sucre vanillé
1 pincée de sel
20 g de beurre fondu
2 gros œufs
1 verre de lait

Garniture
3 belles pommes acidulées
30 g de sucre en poudre
1 verre à liqueur de rhum

- Mélanger les ingrédients pour la pâte (comme pour préparer de la pâte à crêpes). Laisser reposer la pâte au frais 1 heure.
- Pendant ce temps, peler et épépiner les pommes. Les couper en tranches très fines ou les râper puis les mettre à macérer avec le sucre et le rhum.
- Mélanger les pommes et leur macération à la pâte.
- Dans une poêle beurrée et bien chaude, verser une cuillerée à soupe de préparation. Faire dorer les deux côtés. Procéder ainsi jusqu'à épuisement de la pâte.
- Les crapiauds du Nivernais se mangent bien chauds.

Bien choisir les pommes : éviter les granny smith, préférer les reinettes ou une bonne variété de pays.
Pour faire du sucre vanillé maison, divinement parfumé, acheter cinq ou six belles gousses de vanille. Une belle gousse de vanille se doit d'être longue (les plus grandes font plus de 20 cm), large, grasse au toucher et d'une belle couleur marron foncé. Dans un grand bocal à conserve glisser vos gousses de vanille et couvrir d'un kilo de sucre en poudre. Au bout d'un mois vous avez un sucre vanillé moins coloré et meilleur que celui du commerce. Le sucre fini, les gousses peuvent être utilisées dans la pâtisserie. Plus vous êtes généreux en gousses de vanille, plus votre sucre sera parfumé.

Birolets du Berry

Une variante des crapiauds du Nivernais.

Ingrédients
3 cuillerées à soupe de farine
1 œuf entier
1 pincée de sel
1 cuillerée à soupe de rhum
lait
1 pincée de poivre
3 poires passe-crassane

- Préparer une pâte à crêpes avec la farine, l'œuf, le sel, le poivre, le rhum ; délayer avec la quantité de lait nécessaire pour obtenir une belle pâte lisse.
- Peler et épépiner les poires puis les couper en petits cubes. Les mélanger à la pâte.
- Dans une poêle bien beurrée, verser fruits et pâte comme pour faire une crêpe. Retourner.
- Manger bien chaud en saupoudrant de sucre.

Le soupçon de poivre est un vrai truc : il sert ici d'exhausteur de goût. D'ailleurs, une pincée de bon poivre noir ajoutée à des fruits au sirop maison, (poires, pêches, abricots) les rend meilleurs. De même, sur des fraises fraîches, servies nature ou sucrées, un simple tour de moulin à poivre en exalte le goût.

Les petits ronds de Mamette

“ Mamette, ma grand-mère, était experte en desserts : mousse au chocolat, îles flottantes caramélisées et croquantes, moelleux gâteau au chocolat poudré de sucre glace, des desserts certes classiques, mais dont je n'ai jamais retrouvé l'exacte et douce saveur.
La fabrication des petits ronds m'occupait toute la matinée du jeudi, près de la cuisinière à charbon où chauffaient en permanence les deux fers à repasser de Mamette. Elle étalait la pâte sur la table de marbre, héritage lointain d'un grand-père bistrotier dans l'Aude au siècle dernier. Avec un verre retourné, je découpais des ronds parfaits, les badigeonnais de lait et de sucre pour enfin les saupoudrer de noisettes concassées.
Dans l'odeur douce et tiède de leur cuisson, je rangeais les petits biscuits un par un dans la grande boîte en fer qui les conservait bien secs, croquants et parfumés jusqu'au jeudi suivant. ”

Ingrédients
150 g de sucre
1/2 verre de lait
60 g de beurre
200 g de farine
1/2 cuillerée à café de bicarbonate de soude ou levure chimique
150 g de noisettes concassées

- Mélanger le sucre avec le lait jusqu'à ce qu'il soit fondu.
- Ajouter le beurre fondu mais refroidi, puis la farine et le bicarbonate. Bien mélanger pour obtenir une pâte qui s'étale. Découper dedans des petits ronds et les badigeonner avec un pinceau trempé dans du lait sucré.
- Saupoudrer de noisettes concassées puis poser les biscuits sur une plaque beurrée. Mettre au four à 150 ° pendant 10 à 15 minutes.

Caillebottes

“ Ma mère était directrice de la Goutte de lait à La Rochelle. Peut-être d'aucuns se souviennent-ils qu'après la Seconde Guerre mondiale, avant l'ère du lait en poudre, c'est là que se préparaient les biberons : coupage du lait de vache et stérilisation. Les parents passaient chaque matin chercher les biberons de la journée.
Mon frère et moi étions chargés de finir les restes... C'est du moins l'impression que nous avions : même à la plage, nous avions droit à du lait. Le souvenir du sucre fondu dans lequel baignaient les caillebottes... j'en ai encore l'eau à la bouche. ”

Ingrédients
1 l de lait cru
quelques gouttes de présure
200 g de sucre en poudre (ou de vergeoise ou de miel)

- Dans un plat supportant la chaleur, verser le lait cru et la présure. Chauffer tout doucement sans jamais laisser atteindre l'ébullition en tournant continuellement avec une cuiller en bois : le lait ne doit pas bouillir. Quand il coagule, qu'il épaissit, le retirer du feu et le laisser refroidir.
- A l'aide d'un couteau, découper des carrés égaux dans le plat. Saupoudrer de sucre en poudre, ou de vergeoise ou de miel légèrement chauffé pour être bien coulant et servez.

Le mias

« Dans les années cinquante, ce gâteau typique se dégustait seulement le dimanche ou les jours de fêtes : en ce temps-là, les repas de la semaine ne comportaient guère de friandises. Mes petites-filles viennent souvent chez moi pour les vacances, et je confectionne toujours le mias. Elles l'apprécient et les parents se joignent à nous pour déguster cette spécialité venue d'Aquitaine. »

Ingrédients
4 cuillerées à soupe de sucre en poudre
4 cuillerées à soupe de farine
1 cuillerée à soupe de fécule de pomme de terre
3 œufs
1/2 l de lait
1 sachet de sucre vanillé
1 verre à liqueur de rhum ou d'eau de fleur d'oranger

- *Dans un saladier, mettre les œufs et le sucre et bien les travailler. Ajouter la farine en pluie et la fécule de pomme de terre. Bien mélanger avant d'ajouter le lait peu à peu. Ajouter le sucre vanillé et le parfum.*
- *Verser dans un moule à manqué anti-adhésif bien beurré et mettre au four à 160 ° pendant 30 minutes.*
- *Vérifier la cuisson à l'aide d'une lame de couteau : elle doit ressortir sèche après avoir été plantée dans le gâteau. Servir froid.*

Far breton

« Le far breton est certes bien connu, mais celui que fait ma grand-mère depuis ma plus tendre enfance est exceptionnel. Elle a aujourd'hui 83 ans. Souvent, le dimanche, elle nous régale de son fameux far, et c'est toujours le même plaisir. Pourtant, depuis que j'ai grandi, j'ai perdu l'immense privilège d'avoir, rien que pour moi, un far cuit dans un petit plat rond en fer émaillé marron et bordeaux. Le petit plat est resté dans la famille... »

Ingrédients
5 œufs
1 l de lait entier et cru
250 g de farine
250 g de sucre en poudre
2 grosses noix de beurre
1 sachet de sucre vanillé
raisins secs, ou pommes, ou poires, ou pruneaux

- Dans un saladier, mettre la farine, casser les œufs et mélanger.
- Ajouter tout le sucre et le lait préalablement tiédi. Mélanger intimement et ajouter une noix de beurre fondu.
- Beurrer un moule à gratin en terre, et y placer les fruits choisis pelés et épépinés. Verser dessus la pâte liquide.
- Mettre au four préchauffé à 180 ° pour 10 minutes. Baisser le four à 120/150 ° et continuer la cuisson 20 minutes.
- Quand le far est gonflé et bien doré, le sortir du four.
- Le far se mange tiède ou froid.

Tarte aux pommes acides

« Personne ne peut m'empêcher de plonger la tête dans un saladier contenant beurre et farine. L'odeur du beurre m'attire comme le sucre une mouche. Je le dois à ma grand-mère maternelle, Hélène, cuisinière émérite : je désertais la salle à manger et son petit écran pour venir m'agenouiller sur une chaise, près d'elle, dans la cuisine, et respirer à pleins poumons le parfum délicieux du beurre, pétri avec la farine en proportions idéales pour que l'un et l'autre s'embrassent, se collent, pour que la farine jaunisse et que le beurre se disloque en grains sablonneux... »

Ingrédients

Pâte
300 g de farine
150 g de beurre
1 jaune d'œuf
1/2 verre d'eau
1 pincée de sel

Garniture
4 ou 5 pommes très acides
3 œufs
100 g de crème fraîche
150 g de sucre en poudre
1 pincée de sel
1 pincée de cannelle

- Préparer la pâte comme une pâte brisée et la laisser reposer. Pendant ce temps, battre au fouet les éléments de la garniture jusqu'à ce que le sucre soit fondu.
- Etaler la pâte pour foncer un moule à tarte.
- Peler, épépiner et couper en petits cubes de 1 cm de côté les pommes puis les poser en couche épaisse sur la pâte. Les couvrir avec le mélange battu au fouet et enfourner à 180 ° pour 30 à 35 minutes. Le dessus de la tarte ne doit pas trop cuire.
- Préparer un caramel avec le sucre et une cuillerée à soupe d'eau. Verser le caramel sur la tarte en dessinant des spirales... ou tout autre chose. Laisser refroidir et déguster.

Pastis

“ Je n'ai jamais oublié le goût subtil de cette tarte aux pruneaux, dégustée tiède... ”

Ingrédients
100 g de beurre
2 cuillerées à soupe de sucre en poudre
1 pincée de sel
2 œufs
1 verre de lait
200 g de farine
500 g de pruneaux
1 verre à liqueur de rhum

- Placez le beurre près du four pour l'amollir.
- Faire chauffer les pruneaux dans un peu d'eau sucrée puis les nettoyer. Récupérer leur chair et la hacher jusqu'à obtention d'une crème onctueuse.
- Mélanger le sucre et le beurre à l'aide d'une cuiller en bois pour les faire mousser. Ajouter le sel, les œufs un à un, le lait et le rhum.
- Incorporer la farine afin d'obtenir une pâte lisse. Faire une boule avec la pâte et la mettre à reposer pendant 1 heure au réfrigérateur.
- Etaler la pâte au rouleau à pâtisserie et l'installer dans un moule à tarte. Napper de la crème de pruneaux.
- Avec les restes de pâte, former une nouvelle boule puis l'étaler au rouleau à pâtisserie et la découper en fines bandes. Disposer les bandes de pâte sur la crème de pruneaux en croisillons réguliers.
- Enfourner à 180/200 ° pendant 30 minutes.

Tarte à la bouillie

« Ma grand-mère était une petite bonne femme toujours de noir vêtue et chignonnée. Elle faisait des petits pas, semblant trottiner. Elle vendait à la maison les légumes de son jardin. Le samedi, elle allait sur le marché de Provins avec la voiture tirée par l'âne proposer ses produits et les délicieuses tartes à la bouillie. »

Ingrédients

Pâte
125 g de farine
60 g de beurre ou de saindoux
30 g de sucre en poudre
1 pincée de sel
1 petit œuf

Bouillie
70 g de farine
1/2 l lait entier
60 g de sucre en poudre
1 noix de beurre
1 pincée de sel
2 ou 3 jaunes d'œufs
1 verre à liqueur de rhum

- *Mélanger tous les ingrédients pour la pâte. Si elle est trop sèche, la détendre en ajoutant un peu d'eau.*
- *Etaler la pâte au rouleau et foncer un moule en l'ayant préalablement graissé avec du beurre ou du saindoux.*
- *Pour préparer la bouillie, délayer la farine petit à petit dans le lait en évitant la formation de grumeaux. Ajouter le sucre en poudre. Mettre sur le feu et tourner avec une cuiller en bois pour faire épaissir le mélange.*
- *Après avoir retiré du feu, ajouter un à un, tout en remuant, les jaunes d'œufs . Ajouter le rhum et verser dans la pâte.*
- *Enfourner à 200 ° pendant 25 minutes.*

L'utilisation du saindoux n'a rien de surprenant. Très souvent la graisse de porc fondue entrait dans la préparation de la pâtisserie : elle lui donne un goût particulier loin d'être désagréable.

Tarte flamande

Ingrédients
130 g de farine
3 œufs
2 cuillerées à soupe de sucre en poudre
2 cuillerées à soupe de lait
2 cuillerées à soupe d'huile
1/2 sachet de levure chimique
2 pommes reine des reinettes
60 g de beurre
60 g de vergeoise
50 g de noix de coco en poudre

- Battre au fouet le sucre et 2 œufs pour les faire mousser. Ajouter en les mélangeant la farine, le lait, l'huile et la levure chimique pour obtenir une pâte un peu coulante. La verser dans un moule à manqué beurré.
- Peler et épépiner les pommes puis les couper en fines lamelles et les disposer sur la pâte.
- Enfourner à 200 ° pendant 20 minutes.
- Quand le gâteau est cuit, le sortir du four et le garnir du mélange obtenu en battant à la fourchette le beurre, la vergeoise, la noix de coco et l'œuf.
- Réenfourner à 200 ° pendant 10 minutes.
- La tarte flamande doit avoir une belle couleur dorée. Elle se mange froide.

Le bandalou

“ Les années passent, mais je suis toujours aussi gourmande. L'un de mes gâteaux préférés, une amandine aux poires, porte le curieux nom de bandalou. ”

Ingrédients
1 pâte feuilletée
5 poires au sirop
150 g de sucre
120 g de poudre d'amandes
2 œufs
50 g de beurre

- Foncer un moule à tarte avec de la pâte feuilletée préparée maison ou achetée (en prenant garde qu'elle soit bien pur beurre).
- Mélanger le sucre, la poudre d'amandes, les œufs et le beurre fondu pour obtenir un ensemble bien homogène. Verser cette crème sur la pâte à tarte.
- Découper les poires en moitiés et détailler des tranches de 5 mm d'épaisseur en les laissant attachées ensemble vers le pédoncule.
- Disposer les poires étalées sur la crème amandine. Enfourner à 180 ° pendant 30 minutes.
- Quand la crème amandine est bien dorée, le bandalou est prêt.

Pour des poires au sirop

Ingrédients
5 belles poires à chair ferme (passe-crassane)
100 g de sucre
3 verres d'eau
1 pincée de poivre noir
1 petit bâton de cannelle
1 étoile d'anis badiane

- Peler, couper en deux et épépiner les poires.
- Dans une casserole en inox (l'aluminium oxyde le sirop et les fruits), mettre les poires, le sucre et l'eau. Faire cuire "au sourire" – terme de cuisine qui désigne un très léger bouillonnement sur feu doux –, à couvert.
- Cuites, les poires sont tendres sous la lame d'un couteau fin. Arrêter le feu et ajouter le poivre, la cannelle et l'anis.
- Laisser infuser le temps que les poires refroidissent puis retirer les épices.
- Déguster ou utiliser en garniture de gâteau... un bandalou par exemple.

Pommes au four

“ Chaque fois que je fais des pommes au four, je pense à ma chère grand-mère. Et ce dessert remporte toujours le même succès. ”

Ingrédients
1 belle pomme à cuire par personne
1 cuillerée à soupe de cassonade par pomme
1 noix de beurre par pomme
150 g de sucre en poudre
2 cuillerées à soupe d'eau

- *Evider le trognon des pommes. Les remplir d'abord avec la cassonade puis avec la noix de beurre.*
- *Installer les pommes sur un plat à gratin après y avoir versé un demi-verre d'eau. Enfourner à 200 ° pour 30 minutes. Les pommes doivent être bien cuites, tendres et dorées.*
- *Pendant la cuisson des pommes, préparer un caramel avec le sucre et l'eau.*
- *Sortir les pommes du four et napper chaque fruit de caramel chaud.*
- *Laisser refroidir... mais déguster tiède.*

Les pommes dites à couteau se mangent en général crues. Pour la pâtisserie, choisir des pommes résistant à la cuisson : les reinettes, les belles de Boskoop, les canadas et les goldens... et certaines variétés de pays à découvrir.

Tarte aux myrtilles

« Je suis gourmande de nature, et le dilemme est d'autant plus grand que le nombre de mets exquis à tout jamais gravés dans ma mémoire est considérable. Le souvenir le plus cher à mon cœur, la tarte aux myrtilles, n'a rien à envier aux goûters des hivers frileux, aux crêpes miellées de la Chandeleur, aux beignets de fêtes, ou aux brioches généreuses de mon enfance. »

Ingrédients
1 jaune d'œuf
2 cuillerées à soupe de sucre en poudre
1 pincée de sel fin
125 g de farine
60 g de beurre
500 g de myrtilles

- *Mélanger dans un saladier le jaune d'œuf, le sucre en poudre et le sel fin. Ajouter la farine et émietter du bout des doigts de façon à obtenir un sable grossier. Poser dessus le beurre préalablement ramolli et pétrir l'ensemble pour former une boule de pâte souple et non collante.*
- *Beurrer un moule à tarte. Etaler la pâte et en foncer le moule. Piquer l'abaisse avec une fourchette. Garnir la tarte d'une épaisse couche de myrtilles et saupoudrer de sucre.*
- *Enfourner à 180 ° pendant 30 minutes. Quand les bords de la tarte sont bruns, elle est prête.*

Myrtilles, airelles ou brimbelles sont de merveilleux petits fruits des bois du plein été. Les baies sauvages sont petites et beaucoup plus parfumées que les fruits cultivés. Les gros bleuets (variété d'origine canadienne) étant assez farineux, il vaut mieux ramasser des myrtilles sauvages et les passer rapidement sous un filet d'eau fraîche pour les laver.

Beignets de myrtilles

« J'ai le souvenir de vacances merveilleuses dans les Vosges, chez mon papi et ma mamie, dans leur grande maison entourée d'un jardin, avec la forêt juste derrière. A la mi-juillet, nous partions tous à la cueillette des brimbelles. Quelle fête, ces après-midi dans les bois ! Le plus drôle, c'était les recommandations de notre grand-mère : "Surtout, on cueille le plus possible de brimbelles et on n'en mange pas beaucoup maintenant. Gardons-les pour les beignets. »

Ingrédients
500 g de farine
1 toute petite cuillerée à café de sel
1 dl d'huile
1 œuf
8 dl de bière blonde
4 blancs d'œufs battus en neige
1 kg de myrtilles

- Mettre la farine dans un saladier et ajouter tous les ingrédients sauf les blancs battus en neige. Mélanger jusqu'à obtenir un ensemble bien homogène. En soulevant la pâte avec une cuiller en bois, ajouter les blancs battus en neige. Incorporer délicatement les myrtilles dans la pâte à beignets. Mettez-en autant que la pâte peut en absorber.
- Dans une grande poêle, mettre à chauffer de l'huile pour y plonger de grosses cuillerées de pâte aux myrtilles.
- Egoutter les beignets sur papier absorbant et les saupoudrer de sucre.
- Il ne reste qu'à déguster.

Pour réussir les blancs montés en neige, le récipient doit être très froid ainsi que les blancs d'œufs. Placer le saladier au congélateur et les blancs au réfrigérateur. En ajoutant une pincée de sel, on obtient rapidement des blancs très fermes.

Billes sablées aux cerises

“ "Et quand reviendra le temps des cerises, du gai rossignol, du merle moqueur..." Le temps des cerises est si court que nous ne perdions pas un instant pour en profiter et nous régaler des fruits frais ou en billes sablées. ”

Ingrédients
125 g de beurre mou
75 g de sucre en poudre
1 pincée de sel
1 œuf entier
250 g de farine
2 cuillerées à soupe d'amandes en poudre
1 blanc d'œuf
sucre glace
1 kg de cerises (burlat ou cœur-de-pigeon)

- *Mélanger le beurre, le sucre en poudre, le sel, l'œuf et la farine. Laisser la pâte obtenue au réfrigérateur pendant 1 heure.*
- *Préchauffer le four à 200 °.*
- *Laver les cerises et les équeuter.*
- *Etaler la pâte au rouleau et découper des petits carrés de 5 cm de côté. Poser une cerise au centre de chaque carré et le refermer avant de le rouler entre les paumes des mains pour lui donner la forme d'une bille.*
- *A l'aide d'une aiguille, ménager un petit trou sur le côté le moins épais. Disposer les billes sur une tôle beurrée, le petit trou dirigé vers le haut. Badigeonner les billes de blanc d'œuf puis les enfourner pour 15 minutes.*
- *Les billes doivent être dorées et croustillantes. Laisser refroidir et saupoudrer de sucre glace.*

Gâteau à la rhubarbe

Ingrédients

Pâte
100 g de beurre
175 g de sucre
250 g de farine
3 œufs
1/2 verre de lait
1 sachet de sucre vanillé
1 sachet de levure chimique

Garniture
75 g de beurre
200 g de sucre en poudre
500 g de rhubarbe

- Préchauffer le four à 180 °.
- Préparation de la garniture : dans un moule à manqué, faire fondre à feu doux le beurre et le sucre en tournant avec une cuiller en bois.
- Eplucher et couper en morceaux de 4 cm de long les tiges de rhubarbe, et les mélanger dans le moule au beurre et au sucre mêlés.
- Pour préparer la pâte à gâteau, faire mousser le sucre et le beurre ramolli en les mélangeant énergiquement.
- Incorporer les œufs entiers, en prenant garde de bien aérer le mélange. Ajouter la farine, le lait, le sucre vanillé et la levure. Mélanger jusqu'à obtention d'une pâte lisse. La verser dans le moule de manière à couvrir la rhubarbe.
- Enfourner l'ensemble pendant 45 minutes. Démouler chaud, dans un plat rond.

Croustade aux pommes

Ingrédients
250 g de beurre
150 g de sucre en poudre
180 g de farine
1 pincée de sel
1 cuillerée à soupe d'eau de fleur d'oranger
5 pommes
le jus d'1/2 citron
2 sachets de sucre vanillé
2 cuillerées à soupe de cassonade
1 verre à liqueur de rhum
1 œuf

- Pétrir à la main dans un grand saladier la farine, le sucre, le beurre, le sel, l'eau de fleur d'oranger. Ajouter la quantité d'eau nécessaire pour obtenir une pâte souple mais non collante.
- Diviser la pâte en deux boules égales et les étaler au rouleau en deux abaisses de même diamètre.
- Foncer un moule à tarte avec l'une des abaisses puis la garnir de pommes pelées, épépinées et coupées en très fines tranches. Saupoudrer les pommes de cassonade et de sucre vanillé et verser dessus le rhum.
- Recouvrir avec l'autre abaisse et bien souder les bords des deux abaisses en les pinçant du bout des doigts.
- Ménager une cheminée au milieu de la tourtière, à dorer avec un jaune d'œuf dilué dans un peu de lait.
- Préchauffer le four à 180º et enfourner la tourtière pendant 45 minutes.
- Une fois cuite, saupoudrer la croustade avec du sucre glace.

Beignets de pommes

“ D'un adorable petit panier en osier, Nina sortit des pommes reinettes rouges à cœur jaune. Elle posa le panier sur la table, prit une pomme, du recul et la croqua. C'était la Chandeleur, il fallait finir les œufs en raison du carême à venir. Alors venait le temps des beignets aux pommes. Nina, c'était ma grand-mère. Elle adorait Cézanne et le cinéma... et habitait au pied de la montagne Sainte-Victoire. ”

Ingrédients
500 g de pommes reinettes
250 g de farine
1/2 l d'eau
1 œuf
100 g de sucre en poudre
1 citron
1 pincée de sel

- Mettre dans une jatte la farine, le sel et le jaune d'œuf. Mélanger tout en versant l'eau peu à peu. Laisser reposer 1 heure.
- Eplucher les pommes, leur enlever le cœur et les couper en très fines lamelles. Prélever sur le citron des zestes très fins.
- Battre le blanc d'œuf en neige avec la moitié du sucre en poudre, puis l'incorporer à la préparation.
- Mélanger les pommes et les zestes de citron à la pâte, et plonger des lamelles de pommes enrobées de pâte dans la friture bien chaude. Les retirer dès qu'elles sont dorées. Saupoudrer de sucre...

Gâteau roulé à la confiture de fraises

" Ma grand-mère était ma seconde maman, elle s'occupait beaucoup de moi. Elle savait m'écouter, me consoler de tous mes chagrins, embellir le quotidien. Moi, je mangeais très peu, je "pignochais", comme elle aimait à le dire.
Elle partait du principe qu'il fallait manger pour être en bonne santé. Alors elle passait un temps fou à ses fourneaux en espérant que je mangerais une bouchée par-ci et une autre par-là. Elle confectionnait un fameux gâteau roulé à la confiture de fraises, et me poursuivait dans toutes les pièces avec à la main un petit morceau de roulé gorgé de confiture de fraises dans l'espoir de me tenter... "

Ingrédients
250 g de sucre en poudre
160 g de farine
5 œufs
1/2 cuillerée de levure chimique
1 cuillerée à soupe de rhum
1 pot de confiture de fraises
1 pincée de sel
20 g de beurre

- *Préchauffer le four à 200 °.*
- *Fouetter le sucre et les jaunes d'œufs pour dissoudre le sucre et faire blanchir les jaunes. Ajouter, en mélangeant à la cuiller, la farine, la levure et le rhum.*
- *Monter les blancs en neige très ferme en leur ajoutant une pincée de sel puis les incorporer délicatement aux jaunes sucrés.*
- *Beurrer un moule à roulé (plaque carrée à bords de 1 cm) et y verser la préparation.*
- *Enfourner et laisser cuire 10 minutes, jusqu'à une coloration blonde.*
- *Démouler le gâteau encore chaud sur un torchon légèrement humide. Le tartiner de confiture de fraises puis le rouler délicatement en s'aidant du torchon.*
- *Saupoudrer de sucre. Servir froid.*

Confiture de fraises

« Chaque été, rituellement, à la saison des fraises, ma mère ressortait la grande bassine de cuivre... Dans les parfums de fruits et de sucre, nous attendions le moment précis où elle recueillait sur le jus bouillonnant l'écume encore chaude et mousseuse, pour des tartines inoubliables... »

Ingrédients
1 kg de fraises très saines
850 g de sucre

- *Laver les fraises rapidement sous un filet d'eau très froide puis les équeuter .*
- *Dans un grand saladier, mélanger les fraises et le sucre ; laisser reposer 1 heure.*
- *Dans une grande cocotte (éviter l'aluminium qui oxyde la confiture), verser les fraises et le sucre et porter tout doucement à ébullition. Après cinq minutes d'ébullition légère, retirer les fraises à l'aide d'un égouttoir et les réserver dans un saladier (ainsi, elles ne durciront pas à la cuisson).*
- *Faire cuire le jus restant dans la cocotte jusqu'à ce que la confiture prenne.*
- *Remettre les fraises dans le jus et réamener à ébullition.*
- *Au moyen d'une louche, verser dans des pots préalablement stérilisés à l'eau bouillante. Fermer hermétiquement.*

Gâteau de semoule

« En 1959, j'ai dix ans. Je rentre de l'école. J'habite à Paris, un grand immeuble ancien dans le 13e arrondissement, en face de la Manufacture des Gobelins.
Je monte les cinq étages sans ascenseur en courant, mon cartable en cuir bordeaux sur le dos. J'entre. Ma grand-mère est là, qui m'attend avec son gentil sourire. Sur la table, trône un splendide gâteau de semoule aux raisins, juste tiédi, prêt à être dégusté. Oh ! cette odeur incomparable de mon enfance ! Ma grand-mère en tablier bleu à fleurs me coupe une belle part de gâteau qu'elle dépose sur une assiette à décor alsacien. Un grand bol de chocolat chaud l'accompagne.
En savourant son délicieux gâteau blanc doré, lisse et si doux, j'oublie les fatigues de la journée d'école. »

Ingrédients
1 l de lait entier
1 gousse de vanille
2 œufs
150 g de semoule fine
330 g de sucre en poudre
100 g de raisins secs
1 pincée de sel
2 cuillers à soupe d'eau

- *Faire un caramel blond avec 150 g de sucre et l'eau puis le couler dans un moule à manqué en le répartissant bien sur toute la surface.*
- *Faire infuser la gousse de vanille fendue en deux dans le lait bouillant.*
- *Sur feu doux, verser la semoule en pluie fine dans le lait bouillant. Laisser cuire 1 minute dès la reprise de l'ébullition tout en tournant avec une cuiller en bois. Saler.*
- *Hors du feu, ajouter le reste du sucre, les raisins secs et les œufs tout en tournant avec la cuiller en bois.*
- *Verser dans le moule chemisé de caramel. Laisser refroidir avant de mettre au réfrigérateur.*
- *Démouler à froid.*

Kouglof

Ingrédients

Pâte
250 g de farine
175 g de beurre
3 œufs
1 cuillerée à café de lait
1 cuillerée à café de sel (7 g environ)
10 g de levure de boulanger

Garniture
100 g de raisins secs
20 amandes effilées
50 g de beurre
sucre glace

- *Le kouglof se prépare en deux temps : la pâte d'abord, la garniture le lendemain.*
- *Delayer la levure dans un demi-verre d'eau tiédie, le sucre et le sel dans le lait. Verser la farine dans un grand saladier. Ménager un puits et y verser la levure délayée. Mélanger puis ajouter un à un les œufs, sans cesser de brasser l'ensemble. Ajouter le lait sucré et salé. Travailler la pâte pendant 10 minutes. La diviser en trois morceaux égaux. Incorporer le beurre à un premier tiers de pâte, puis ajouter le deuxième tiers, puis le dernier.*
- *Laisser lever la pâte pendant 1 heure, placée sous un torchon dans une pièce à 25 ° C. Placer la pâte au réfrigérateur pour 3 heures.*
- *Le lendemain, beurrer abondamment un moule à kouglof et répartir les amandes effilées sur ses parois. Etaler la pâte à brioche sur un plan de travail fariné, en formant un rectangle de 4 cm d'épaisseur. Couper la pâte en deux, et répartir la moitié des raisins sur l'une des parts. Recouvrir de l'autre moitié de la pâte et répartir le reste des raisins. Rabattre les bords de la pâte vers le centre pour enfermer tous les raisins et former une boule. Laisser reposer ainsi durant 15 minutes.*
- *Du bout des doigts, creuser un trou au centre de la pâte en donnant à l'ensemble la forme d'une couronne (de dimension égale à celle du moule). Disposer cette couronne de pâte dans le moule : bien faire adhérer la pâte aux amandes placées contre les parois du moule. Laisser lever à température ambiante durant 2 heures.*
- *Mettre dans un four préchauffé à 200 °, pour 45 minutes. Démouler à chaud, et badigeonner de beurre fondu. Saupoudrer de sucre glace.*

Kouign-aman

“ Enfant, j'ai eu comme beaucoup de gens la chance d'avoir une grand-mère bretonne, et c'est parmi des odeurs sucrées que je fis mon apprentissage du goût et du bien-vivre... Je me souviens de cette odeur de pâte à pain chaude qui effleurait délicatement mes narines d'enfant émerveillé. ”

Ingrédients
500 g de farine
250 g de beurre
250 g de sucre
20 g de levure de boulanger

- *Verser dans une terrine la farine, le sel et la levure. Travailler le mélange en ajoutant peu à peu de l'eau jusqu'à obtention d'une pâte à pain très souple. La déposer sur une planche farinée, et laisser lever sous un torchon pendant 30 minutes.*
- *De la paume de la main, étaler la boule de pâte en une crêpe épaisse de 30 cm de diamètre. Etaler dessus la moitié du beurre en préservant les bords sur 1 cm. Saupoudrer la partie beurrée avec 70 g de sucre en poudre.*
- *Plier la crêpe en quatre de manière à former un triangle, et en soudant bien ses bords. Arrondir le triangle avec les mains.*
- *Laisser sur une surface farinée, pendant 10 minutes, au réfrigérateur.*
- *Aplatir de nouveau la pâte de la main pour obtenir une nouvelle crêpe épaisse. Etaler dessus le beurre restant, et saupoudrer de 70 g de sucre en poudre. Refermer la crêpe en soudant bien les bords. Laisser reposer 10 minutes, toujours au frais.*
- *Etaler la pâte une dernière fois de manière à obtenir de nouveau une crêpe épaisse de 30 cm de diamètre. Dorer le dessus avec un jaune d'œuf et saupoudrer avec le restant de sucre en poudre.*
- *Mettre dans un four préchauffé à 200 °, pour 20 minutes.*
- *Laisser refroidir avant de servir.*

Anémique

“ Dix ans, l'insouciance de l'âge et le plaisir d'apprécier le chaleureux accueil de mes grands-parents, leur amour et le bien-être d'une maison douillette, dans la campagne normande. En automne, à la nuit tombante, le lit moelleux, la bonne odeur d'un potage qui mijote et celle d'un gâteau fumant sortant du four. Un gâteau au nom étrange d'anémique... parce que tous ses composants sont blancs. ”

Ingrédients
4 blancs d'œufs
165 g de sucre en poudre
80 g de farine
80 g de beurre
80 g d'amandes en poudre

- *Battre au fouet les blancs d'œufs pour les faire monter en neige très ferme.*
- *Mélanger avec une cuiller en bois le sucre, la farine, le beurre et la poudre d'amande.*
- *En soulevant bien la pâte avec la cuiller, incorporer délicatement les blancs battus en neige.*
- *Faire couler la pâte dans un moule à manqué bien beurré.*
- *Enfourner à 160 ° pendant 30 minutes.*
- *Surveiller la cuisson. Le gâteau est cuit quand une lame de couteau pointu enfoncée dans le cœur de l'anémique en ressort sèche.*

Pain d'épice

*" Je devais avoir six ou sept ans quand j'ai mangé mon premier cochon en pain d'épice. J'habitais en banlieue sud de Paris, on prenait le métro pour aller à la foire du Trône.
Là, il y avait des odeurs, des bruits, la foule, les camelots...
Il me suffit de fermer les yeux et j'y suis.
Maintenant, je ne suis plus petite fille, hélas. J'ai tenté de retrouver le goût du cochon en pain d'épice de mon enfance.
Voici la recette la plus approchante. "*

Ingrédients
500 g de farine
400 g de miel
15 g de bicarbonate de soude
5 g de vanille en poudre
5 g de gingembre écrasés
5 g de cannelle en poudre
5 g d'anis en poudre
2 clous de girofle écrasés
1 zeste de citron râpé
1 zeste d'orange râpé
1 pincée de sel

- Faire chauffer le miel dans une petite casserole sur feu doux. Faites infuser toutes les épices (5 g correspondent à peu près à une cuillerée à café remplie de poudre) dans le miel.
- Dans un grand saladier, mettre la farine, le sel et le bicarbonate de soude.
- Mélanger avec une cuiller en bois le miel à la farine ; ajouter un peu d'eau pour obtenir une pâte un peu molle.
- Verser dans un moule à cake généreusement beurré.
- Enfourner pendant 1 heure à 180 °.

Moelleux au chocolat

“ Durant douze années, le moelleux au chocolat a accompagné tous mes anniversaires, sans exception, et ceux de mes petits frères – qui savaient préparer ce gâteau dès leurs six ans. J'ai transmis cette recette un nombre incalculable de fois à des gens réfractaires aux gâteaux au chocolat "étouffe-chrétiens".
Le moelleux a accompagné mes années d'études, il était idéal en dessert impromptu pour les grignotis entre copains. Il a toujours su dissiper mes coups de cafard et ceux de mes camarades. ”

Ingrédients
100 g de chocolat noir
4 cuillerées à soupe d'eau
100 g de beurre
4 œufs
200 g de sucre
100 g de farine
1 pincée de sel

- Faire fondre à feu doux le chocolat en morceaux avec une cuillerée à soupe d'eau. Ajouter le beurre, bien l'incorporer en tournant avec une cuiller en bois.
- Casser les œufs en séparant les jaunes des blancs puis incorporer les jaunes au chocolat. Ajouter le sucre puis la farine, toujours en prenant soin de bien mélanger.
- Faire préchauffer le four à 160 °.
- Battre en neige très ferme les blancs d'œufs. Les incorporer délicatement au mélange de chocolat et verser l'ensemble dans un moule à manqué bien beurré. Enfourner pendant 45 minutes.
- Si le dessus du gâteau colore trop vite, le recouvrir d'une feuille de papier aluminium. Démouler le gâteau dès sa sortie du four.
- Le moelleux se déguste nature, froid, ou glacé avec du chocolat, couvert de crème chantilly ou de crème anglaise.

Clafoutis d'automne

“ C'était le dessert traditionnellement préparé par ma grand-mère et aussi par maman quand nous rentrions de vacances, d'où nous rapportions quantité de pommes et de noix du jardin. C'était au moment de la rentrée des classes, mais le clafoutis d'automne continue d'évoquer pour moi les parfums de l'été. ”

Ingrédients
6 pommes (type reine des reinettes)
100 g de farine
100 g de sucre en poudre
4 œufs
1 sachet de levure chimique
1 pincée de sel
6 cuillerées à soupe d'huile d'arachide
1 cuillerée à café d'extrait de vanille
1 cuillerée à café de rhum
80 g de noix en poudre
50 g de beurre

- *Peler, épépiner et couper en gros cubes les pommes.*
- *Beurrer un moule à manqué. Préchauffer le four à 200°.*
- *Mélanger à la farine, à l'aide d'une cuiller en bois, le sel, la levure, le sucre, le lait, le rhum, la vanille, les œufs et l'huile de manière à obtenir une pâte liquide et homogène.*
- *Disposer les cubes de pommes dans le moule à manqué. Saupoudrer de poudre de noix et d'une cuillerée à soupe de sucre en poudre. Parsemer de noisettes de beurre.*
- *Couvrir de la pâte et enfourner pour 45 minutes.*
- *Sortir le gâteau lorsqu'il est gonflé et doré. Déguster tiède.*

Clafoutis ou millar

En Limousin le clafoutis, en Auvergne le millar, un gâteau fait avec des cerises au début de l'été. Préférer de petites cerises acides, par exemple les Montmorency. Ne jamais les dénoyauter : pour le goût, le noyau a autant d'importance que la pulpe.

Ingrédients
500 g de cerises équeutées
50 g de sucre en poudre
125 g de farine
3 dl de lait
(ou 2 dl de lait et 100 g de crème fraîche)
3 œufs
50 g de sucre en poudre
1 pincée de sel

- *Dans un saladier, mélanger les cerises et le sucre en poudre. Laisser reposer 1 heure.*
- *Dans un autre saladier, mélanger tous les autres ingrédients pour obtenir une pâte liquide.*
- *Verser les cerises dans un moule à manqué et couvrir de la pâte.*
- *Faire cuire 45 minutes dans un four préchauffé à 180 °.*
- *Inutile de démouler le clafoutis : il se sert à même le plat, et se déguste tiède ou froid.*

Gâteau aux marrons

“ J'avais dix ans, maman avait pour habitude de nous pâtisser un gâteau aux marrons qui avait le pouvoir magique de nous ouvrir l'appétit. Mon grand frère avait pris l'habitude, pour goûter le gâteau en toute discrétion, de pratiquer un petit trou par-dessous.
Quant à moi, je me demande parfois si je ne suis pas devenu chef pâtissier grâce à ma maman... ”

Ingrédients
250 g de beurre
5 œufs
250 g de sucre
250 g de farine
500 g de crème de marrons
1/2 sachet de levure chimique

Crème de marrons
1,5 kg de châtaignes
1,5 l de lait
1 pincée de sel
200 g de sucre en poudre

- *Mélanger, pour qu'ils blanchissent, le sucre et les œufs. Ajouter la crème de marrons, la farine et la levure pour obtenir une pâte lisse. Incorporer le beurre fondu.*
- *Dans un moule à gâteau à rebord haut (au moins 7 cm) ou dans un moule de type Kouglof, au préalable bien beurré, verser la préparation.*
- *Mettre au four préchauffé à 180 ° pendant 35 à 45 minutes.*
- *Vérifier la cuisson en plantant la lame d'une couteau pointu qui doit ressortir sèche.*

Crème de marrons

- *Inciser légèrement les châtaignes, les griller, dans une grande poêle d'acier sans matière grasse, puis les peler avec soin. Dans une grande casserole, mettre les châtaignes pelées et les couvrir avec le lait et le sucre. Ajouter la pincée de sel. Egoutter les châtaignes et les écraser au moulin à légumes pour obtenir une purée fine. Tout en fouettant, l'étendre en ajoutant la quantité nécessaire du lait sucré ayant servi à la cuisson, pour obtenir une consistance lisse mais surtout pas liquide.*

Cake de Saint-Malo

« Voilà une de mes recettes préférées : elle sent bon la mer, elle évoque les grogs pris à l'aube sur le port, le cri des mouettes... Les sorties en mer avec un de ces paniers garnis que nous préparait ma grand-mère restent un grand souvenir. J'ai appris par la suite que le cake était un mets idéal pour les navigateurs ; il se conserve très longtemps grâce à l'alcool qu'il contient. De plus, étant très nourrissant, il remplaçait avantageusement le pain pour les marins anglais. »

Ingrédients
200 g de beurre
200 g de sucre en poudre
4 œufs
250 g de farine
2 cuillerées à soupe de crème fraîche
3 cuillerées à soupe de miel
le jus d'1 citron
1 bonne pincée de cannelle
1 bonne pincée de noix de muscade
1 petit verre de rhum
150 g de fruits confits et de raisins secs
1 pincée de sel
1 sachet de levure chimique

- *Mélanger énergiquement le sucre et le beurre pour faire mousser l'ensemble, puis ajouter les jaunes d'œufs et la crème fraîche. Fouetter à l'aide d'une fourchette. Ajouter au mélange la cannelle, le sel, la noix muscade, les raisins et les fruits confits.*
- *Battre les blancs en neige ferme, les incorporer au mélange puis ajouter la farine, le rhum et la levure.*
- *Beurrer un moule à cake avant d'y verser la pâte. Mettre au four préchauffé à 150 ° pendant 1 heure.*
- *Après l'avoir sorti, arroser le cake avec le mélange miel et jus de citron préalablement fondu dans une petite casserole.*

Cake

“Un cake préparé avec amour par une grand-mère pour les goûters de ses petits-enfants, il n'y a rien de meilleur.”

Ingrédients
150 g de farine
75 g de beurre
75 g de sucre en poudre
2 jaunes d'œufs
150 g de fruits confits de première qualité
2 cuillerées à soupe de rhum
1 petite cuillerée à café de levure chimique

- Couper les fruits confits en petits morceaux et les mettre à macérer dans le rhum.
- Travailler énergiquement le beurre au préalable ramolli et le sucre pour les faire mousser. Incorporer un à un les jaunes d'œufs puis ajouter la farine et la levure : continuer à travailler à la cuiller en bois pour obtenir une belle pâte lisse.
- Egoutter les fruits confits, et ajouter le rhum à la pâte.
- Rouler les fruits confits dans la farine avant de les incorporer à la pâte.
- Beurrer un moule à cake avant d'y verser la pâte. Mettre au four préchauffé à 200 ° pendant 45 minutes.

Attention au choix des fruits confits. Evitez les boîtes en plastique remplies de morceaux de pastèque colorée. Pour le cake, choisir moitié raisins secs (Corinthe ou Smyrne) et moitié fruits confits composés d'angélique et d'écorces d'agrumes (orange, citron, cédrat).

Le Saint-Genix

« Tante Adeline
Tu trottines,
Ta tête dodeline
Sur ton corps de cent automnes.
Et toujours tu nous étonnes
Avec ton gâteau odorant
Qui nous ravissait, petit enfant,
Et qui nous ravit encore maintenant. »

Ingrédients
2 œufs
1 cl de crème
250 g de farine
2 cuillerées de lait
1 cuillerée d'eau
60 g de sucre en poudre
1 pincée de sel
10 g de levure de boulanger
20 pralines roses
100 g de beurre

- Dans un saladier, délayer les œufs, le lait, la crème, l'eau, le sucre et la levure.
- Ajouter le beurre ramolli et la farine. Bien brasser la pâte avec une cuiller en bois, en la soulevant pour l'aérer.
- Verser dans un moule rond (moule à manqué), chemisé de papier d'aluminium. Mouiller les pralines roses avant de les piquer dans la préparation. Parsemer de copeaux de beurre, saupoudrer de sucre et enfourner à 150 ° pour 50 minutes. En fondant, les pralines vont rosir la brioche.

Tartine au chocolat

« Toc, le son de la porcelaine sur la pierre, le chat s'éveille ;
Mamie pose le beurre au soleil.

Cruch, cruch, la croûte a durci depuis le matin ;
Mamie coupe une tranche de pain.

Quelques pas, le couteau cogne le beurrier, tine, tine ;
Mamie beurre la tartine.

Tac, la porte du placard s'ouvre ;
Mamie sort le chocolat en poudre.

Un frottement sourd, le chocolat, une vapeur ;
Mamie le couche sur le beurre.

Dong, dong, dong, dong, il est quatre heures. »

La maison de sucreries

Intrigués, les enfants s'approchèrent, et s'aperçurent alors que la maisonnette était construite non pas avec des briques et des tuiles, mais avec des biscuits. Les murs et le toit étaient en pain d'épice et en gâteaux secs cimentés de chocolat, de caramel, de cerises confites et de toutes sortes de bonnes choses ; la cheminée en rahat-loukoum et en chocolat. Toutes les fenêtres étaient en sucre d'orge.
« Regarde, Gretel, regarde, » s'écria Hansel qui faisait des bonds de joie.
« Quelle maison merveilleuse ! Enfin, nous allons pouvoir faire un bon déjeuner. Je vais goûter à la fenêtre. Pourquoi ne prendrais-tu pas un petit morceau de toit ? » Et Gretel arracha un morceau de toit pour voir s'il avait bon goût, tandis que Hansel s'installait devant la fenêtre, et commençait à la grignoter. Soudain, de l'intérieur de la maison, une petite voix s'éleva :

« Qui grignote, qui grignote,
Qui grignote ma maison ?
Rat ou souris, peu m'importe,
Qui grignote ma maison ? »

Mais les enfants étaient si affamés qu'ils ne firent que répondre :

« Ce n'est que le vent,
Ce n'est que le vent,
Le céleste vent. »

(Hansel et Gretel, Grimm)

Remerciements

Tous nos remerciements aux abonnés de CANAL+ qui nous ont confié leurs souvenirs. (Pour un même dessert nous avons parfois réuni les recettes ou les anecdotes de différents auteurs).

Corinne AMIGUES : p 11

Bruno ASCOLI : p 76

Monique AUTHIER : p 15

Gilles BADAROUX : p 20

Laurence BIGI : pour son dessin qui nous a inspiré les pages 90-91.

Catherine BIGRAT : p 66

Fabienne BOMEISL : p 68

Madeleine BONAFOS : p 20

Anne-Marie BOUGAREL : p 35

Michèle BOUYSSOU : p 32

Monique BOUVET : p 18-19

Annie CADILHAC : p 14

Myriam CARNET : p 63

Purification CASIMIRO : p 50

Pierrette CASTELLARNAU : p 56

Nicole CAVALIE : p 82

Anne CHABAULT : p 55

Isabelle CHANE TING SANG : p 80

Roger CHARBONNIER : p 52

Nadia CHATELAIN-KORUM : p 28

Jacques CHOMIENNE : p 45

Hélène COMBOURG : p 86

Claude CREUILLENET : p 52

Lydie DASTE : p 20

Claudio DELLOSTA : p 9

Cécile DEMEUDE : p 6

Solange DEVENOT : p 75

Emmanuèle DOYARD : p 38

Sophie DREANO : p 57

Francine FINO : p 60

Marie-Madeleine FLEURY : p 41

Sylviane FOUGERE : p 79

Virginie FRECHURET : p 25

Pauline FRENOT : p 33

Nathalie FREY : p 36

José, Yamina, Gwladys et Daphné GALAN : p 25

Jacques GALET : p 34

Jean-Pierre GAMAIN : p 48

Recettes personnelles

Recettes personnelles

Mille et une nuits propose des chefs-d'œuvre pour le temps d'une attente, d'un voyage, d'une insomnie...

Derniers titres parus dans la Petite Collection

117. Gustave Flaubert, *La Légende de saint Julien l'Hospitalier*. 118. Luigi Pirandello, *Le Viager*. 119. Heinrich Böll, *Lettre à un jeune catholique*. 120. Benjamin Péret, *Le Déshonneur des poètes*. 121. Michel Bakounine, *Dieu et l'État*. 122. Sun Tzu, *L'Art de la guerre*. 123. Paul Verlaine, *Chansons pour Elle*. 124. Paul Bowles, *L'Éducation de Malika*. 125. Lewis Carroll, *La Chasse au Snark*. 126. Khalil Gibran, *Le Fou*. 127. Thomas Mann, *La Loi*. 128. Victor Hugo, *L'Art d'être grand-père*. 129. Pierre Legendre, *La Fabrique de l'homme occidental*. 130. Jean-Jacques Rousseau, *Discours sur l'origine et les fondements de l'inégalité parmi les hommes*. 131. Apocalypse. 132. Julien Offray de La Mettrie, *L'Art de jouir*. 133. Raphaël Confiant, *La Baignoire de Joséphine*. 134. Charles Baudelaire, *Mon cœur mis à nu*. 135. *Bhagavad-Gîtâ*.136. Érasme, *Éloge de la folie*. 137. Bernard Comment, *L'Ongle noir*. 138. Ambrose Bierce, *Le Club des parenticides*. 139. Lucien de Samosate, *Sectes à vendre*. 140. Edith Wharton, *Les Yeux*. 141. Baltasar Gracian, *L'Homme de cour*. 142. Nicolas de Chamfort, *Maximes et Pensées*. 143. Dominique Méda/Juliet Schor, *Travail, une révolution à venir*. 144. Émile Zola, *Comment on se marie*. 145. Aristote, *Poétique*. 147. Honoré de Balzac, *Traité des excitants modernes*. 148. Herman Melville, *Les Îles enchantées*. 149. Arthur Koestler, *Les Militants*.

Pour chaque titre, le texte intégral, une postface, la vie de l'auteur et une bibliographie.